Par Hilliard d'auberteuil

DES MŒURS,

DE LA

PUISSANCE,

DU COURAGE

ET DES LOIX,

Considérés relativement à l'Education d'un Prince.

APPROBATION.

J'AI lû par ordre de Monseigneur le Garde des Sceaux, un Manuscrit intitulé : *Des Mœurs, de la Puissance, du Courage & des Loix, considérés relativement à l'Education d'un Prince*, Ouvrage qui m'a semblé présenter de grandes vues sur cet important objet, duquel doit ordinairement résulter le bonheur d'une Nation. Le plan m'en a paru sagement combiné dans toutes ses parties, dont le développement annonce d'ailleurs des lumieres peu communes; & je ne doute pas que tout Lecteur bon Patriote ne l'accueille du double suffrage de son estime & de sa reconnoissance. Donné à Paris ce 17 Novembre 1783.

Signé, LOURDET, Professeur Royal.

DISCOURS
DE LA
PUISSANCE
DU COURAGE
ET DES LOIS.

Ouvrage traduit de l'Allemand de [...]

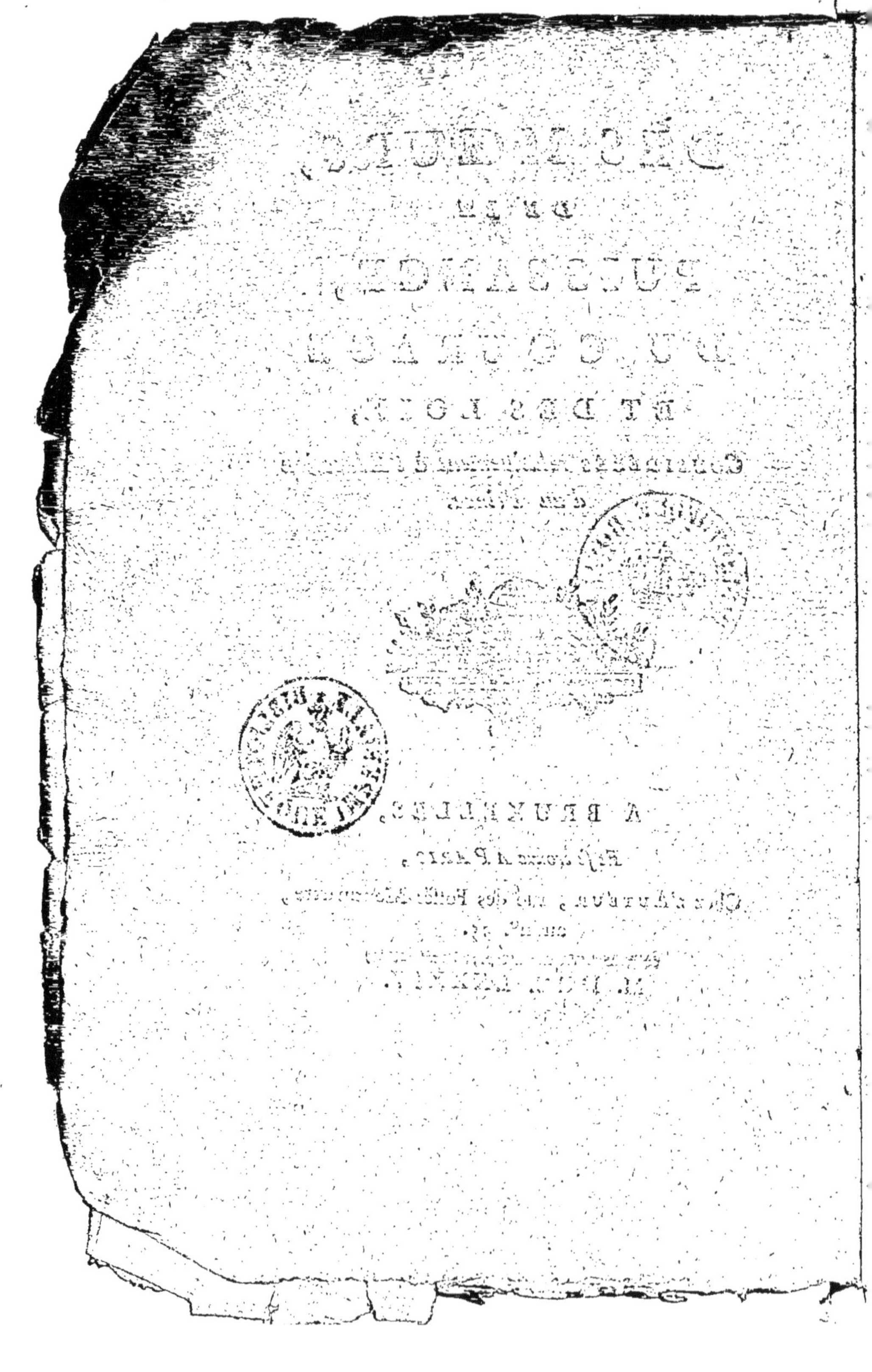

A BRUXELLES,

Typographie de PLACE,

Chez l'Auteur, rue des Fondeurs,

n.° 35.

M.DCC.LXXXIV.

DES MŒURS,

DE LA

PUISSANCE,

DU COURAGE

ET DES LOIX,

Considérés relativement à l'Education d'un Prince.

A BRUXELLES,

Et se trouve A PARIS,

Chez L'Auteur, rue des Fossés-Montmartre,
au n°. 35.

M. DCC. LXXXIV.

TABLE.

a ij

Fin de la Table.

INTRODUCTION.

Les anciens Perses, dit Platon, élevaient ainsi le fils aîné de la maison royale. Après sa naissance, on le donnait, non à des femmes, mais à des Eunuques d'une grande autorité près du Roi, à cause de leur vertu. Ils étaient chargés de lui former le corps : & après sept ans, ils lui apprenaient à monter à cheval, & à aller à la chasse. Quand il était à sa quatorzième année, ils le déposaient entre les mains de quatre autres personnages ; savoir, le plus sage, e plus juste, le plus tempérant, le plus vaillant de la nation. Le premier lui apprenait la religion ; le second à être toujours vrai ; le troisieme à vaincre ses désirs ; le quatrieme à ne rien craindre. Être pieux, vrai, vaincre ses désirs & ne rien craindre ; voilà le devoir d'un grand Prince. Apprendre à aimer la religion & la vérité, à se commander à soi-même ; & à n'appréhender rien d'autrui ; voilà l'éducation d'un Roi.

On m'obfervera fans doute que ces quatre Précepteurs des anciens Princes de la Perfe travaillaient à le rendre bon, aucun à le réndre favant ; ils avoient raifon. La fœur de François Ier. faifait mieux que lui dès vers ; mais ce ne font pas les fautes qu'il faifait dans la poéfie qui l'empêcherent d'être un grand Roi , & ce qu'il avait de connaiffances dans les fciences ne l'empêcha pas d'être vaincu en Italie. Louis XII était un bon Roi , il n'établit point d'Académies. Henri IV n'était pas favant , & Louis XIV lui-même ne l'était point. Cependant c'étaient de grands Rois. Mais comme il faut toujours tendre à la perfection , & qu'il n'y a aucun de ces Rois qui n'ait fait de grandes fautes ; on doit fe propofer de donner à un jeune Prince deftiné à régner comme eux, toutes les vertus qu'ils avaient & les qualités qu'ils n'avaient pas, fans lui laiffer contraêter leurs défauts.

La liberté dont les femmes jouiffent en Europe, & le caraêtere remarquable & ferme de plufieurs d'entr'elles , les rendent capables des foins les plus importans. Ainfi il n'y a point de danger à laisser entre leurs mains, jusqu'à l'âge de sept ans, les héritiers du trône. Il serait même contraire à la raison de leur refuser l'honneur d'un dépôt si précieux. Mais entre les femmes de la Cour, le choix est difficile. Il faut que celles qu'on destine à faire prononcer les premiers mots à un jeune Prince soient, pour ainsi dire, au niveau de nos citoyens les plus sages & les plus vertueux, par la grandeur de leur ame. Si l'on parvient à trouver dans ce siecle de molesse & d'abandon des femmes d'un tel mérite, le Prince fera ce que nous désirons. Car les premieres impressions que l'esprit d'un enfant reçoit s'effacent difficilement. Les hommes feront toujours ce qu'il plaira aux femmes; dès notre plus tendre enfance, elles ont un ascendant qui nous force à leur obéir, & qu'elles conservent toute la vie. Les anciens n'étaient point aveugles lorsqu'ils faisaient de la sagesse une déesse, & non pas un dieu. Rien n'est au-dessus d'une femme sans passions, sans colere & sans faiblesse, elle ne perd les attraits de la beauté que pour devenir l'emblême de la raison, du courage réuni à la douceur, & de la fermeté tempérée par la clémence. Si vous voulez donc que le Prince, destiné à gouverner, devienne grand & vertueux, placez autour de son berceau des femmes qui sachent ce que c'est que grandeur d'ame & que vertu; afin qu'en apprenant à parler il n'entende que des mots dignes de son élévation future. Que tout ce qui peut l'habituer à l'erreur, lui inspirer la frayeur & la pusillanimité soit banni d'autour de lui. Qu'on ne lui parle de la puissance de ses ayeux, que comme de la récompense de leurs grandes vertus, & de son état, que comme dépendant de sa sagesse. Que les marques d'estime & de respect s'éloignent à ses moindres fautes; enfin si dans cet âge si tendre on ne peut encore développer ses bonnes qualités, que du moins on s'applique à ne point laisser naître en lui de défauts de caractere, & que cependant on s'occupe de faire succéder une éducation plus mâle, en travaillant à lui choisir des Maîtres capables de l'instruire & de former son cœur.

DES MŒURS,
DE LA PUISSANCE,
DU COURAGE ET DES LOIX,

Considérés relativement à l'Éducation
d'un Prince.

PREMIERE PARTIE,

De l'Instruction.

DISCOURS PREMIER.

Du choix des Maîtres.

UN Prince n'est pas à lui, il est à l'Etat: il
est comptable au Peuple de tout son temps.
Son éducation doit avoir pour but de le rendre capable de remplir tous les devoirs
auxquels sa condition l'engage, & de le garantir de tous les dangers auxquels cette
condition l'expose. On doit s'attacher à
lui faire aimer l'application, & à lui inspirer
le goût de l'étude, aussi-tôt qu'il devient en
état de former des idées, & de discerner

les objets ; car non-seulement il se nuirait
à lui-même s'il abusait de son temps, mais
il ferait tort aux Peuples, à la félicité desquels il doit consacrer tous ses momens.

Ceux qui sont chargés de l'élever & de
l'instruire, commettent une grande faute
s'ils ne lui procurent pas les meilleures instructions & les leçons les plus dignes du
rang qu'il doit un jour occuper parmi les
hommes. Leur négligence est un crime
envers ce Prince & envers les Peuples, &
ils se rendent encore complices de toutes
les mauvaises actions qu'une bonne éducation lui auroit fait éviter.

Les Grands habitent des palais où doivent régner la splendeur & la magnificence ;
le citoyen se contente d'une maison com-
mode, & le pauvre, qui ne cherche qu'un
abri, bâtit lui-même sa chaumiere. Telles
sont les différences qui doivent se trouver
dans l'éducation des hommes. Ils ne sont
pas nés pour contribuer tous de la même
maniere aux avantages de la société, &
leur instruction doit se proportionner à

l'état auquel ils font destinés. Il suffit au plus grand nombre des hommes de savoir subsister de leur travail ; mais les connoissances deviennent nécessaires à mesure que les conditions s'élevent, & le Prince destiné à régner, doit être aussi remarquable au milieu de son Peuple, par ses lumieres & ses vertus, que le cedre au milieu des campagnes, par sa hauteur & la verdure de ses rameaux.

Un des principaux soins des Monarques, doit donc être de bien choisir ceux à qui ils sont obligés de confier l'éducation des jeunes héritiers de leur trône ; mais il est impossible qu'ils ne se conduisent pas témérairement dans leur choix, s'ils ne s'attachent pas à connaître quelles sont les qualités nécessaires pour un emploi d'une aussi grande importance. Le mauvais choix que l'on fait souvent en telle circonstance, vient ordinairement de la fausse idée que l'on se fait des choses qu'un Prince doit apprendre. La plupart des gens de Cour croient qu'il suffit qu'il ne soit point vicieux, qu'il ait quelque connoiſſance des Belles - Lettres & de l'Hiſtoire, & s'il ſait un peu de Mathématiques & la Tactique moderne, on en conçoit les plus belles eſpérances. Enfin on ne ſe propoſe pour l'ordinaire que des vues particulieres & bornées. Chacun des Courtiſans redoute de rencontrer dans ſon Souverain un maître trop éclairé & qui ſache régner par lui-même, & on ne lui enſeigne que des choſes qui ne répondent point à la grandeur de ſes devoirs.

La ſcience néceſſaire à un Prince ne conſiſte point dans des leçons vulgaires. Un homme peut ſavoir beaucoup de choſes, & cependant avoir peu de mérite dans ſa profeſſion : de même un Prince peut être inſtruit dans les Langues, l'Hiſtoire, les Mathématiques & les pratiques vaines & arbitraires que l'on appelle uſage du monde, & être cependant mal élevé, parce qu'on aura négligé de former ſon eſprit, ſon jugement & ſa raiſon, de lui bien faire ſentir l'intérêt que chacun, & lui

même, ont à l'exacte obſervation de la juſtice
& des loix, de fixer ſagement ſes principes
& ſon caractere, & qu'on ne l'aura formé
à rien de ce qui lui eſt néceſſaire pour parvenir à la plus haute des ſciences humaines:
celle de gouverner & conduire les hommes.

Le profond reſpect que l'on doit & que
l'on accorde aux Princes, n'eſt pas tant
l'effet de leurs prérogatives, que de la per-
ſuation où l'on eſt qu'ils ont la ſcience de
gouverner; cette ſcience qui eſt le plus
grand réſultat de toutes les études & de
toutes les vertus. Quels reproches n'ont-
ils pas à ſe faire, lorſque, par leur faute, ils
deviennent les uſurpateurs des reſpects du
vulgaire, au lieu d'être les auteurs de ſa
félicité ?

L'étude de l'Hiſtoire eſt néceſſaire aux
Princes. On en fait un point eſſentiel, &
c'eſt avec raiſon. Mais celui qui doit pré-
ſider à cette étude eſt bien plus difficile à
choiſir qu'on ne penſe. Ce doit être un
Philoſophe capable lui-même de gouverner,

verfé dans la connaiffance des hommes &
des événemens, & digne d'apprécier les
actions des Héros & des Rois, de développer les motifs qui ont dû les faire agir,
& de diftinguer les effets de la vertu, de
ceux de l'imprudence & du vice. L'Hiftoire ne préfente à la jeuneffe qui l'étudie
qu'un amas confus de faits dont une partie
l'étonne & l'autre l'intéreffe. Les perfon-
nages qui s'y font le plus remarquer font
pour la plupart emportés, artificieux ou
paffionnés à l'excès; leurs actions font rap-
portées par des Ecrivains qui ne font pas
tous également judicieux dans leurs louanges ou dans leurs cenfures, & peuvent
faire naître de faux principes dans l'efprit
de ceux qui les lifent fans difcernement.
Un Précepteur qui aurait le jugement peu
exact, augmenterait le danger de cette
étude, fi falutaire quand elle eft dirigée
par un homme ingénieux & fage. Il gâte-
rait les meilleurs exemples en les préfen-
tant fous un faux afpect, & ne ferait
qu'étouffer dans fon Eleve ce que la nature
lui aurait donné de fens & de raifon. Que

serait-ce, hélas ! si le soin d'enseigner
l'Histoire à un jeune Prince, se trouvait
confié à un homme intéressé & corrompu,
qui se plairait à flatter les passions de son
Eleve, afin de s'assurer d'avance son affection & ses faveurs ? Tant de Rois ont mé-
prisé les hommes & opprimé leurs peuples;
manquerait-il d'exemples pour fortifier le
caractere impérieux, arbitraire, ou absolu
du Prince, son opiniâtreté, sa hauteur,
ou son injustice, si cet enfant précieux
avait malheureusement quelque penchant
à l'un de ces défauts ? Et quel est l'homme
qui ne se serait pas laissé dominer par quelque
vice, si ses penchans n'avaient pas été répri-
més par une éducation sage & vertueuse ?

L'Histoire, quand elle est enseignée par
un homme juste & éclairé, devient pour
un enfant l'éternelle leçon de la sagesse.
L'exemple des méchans est plus utile encore
que celui des bons. Tacite inspire autant d'horreur pour Néron, que d'estime
pour Thraseas, Seneque, Germanicus &
Agricola.

C'est principalement pour les Princes
que les sciences sont utiles ou dangereuses.
On peut toutes les apprendre d'une maniere futile ou sublime. Peu d'hommes sont
capables de faire cette différence : il a,
dit-on, beaucoup de connoissances, cela
peut être, mais quel usage en fait-il faire ?
Pour moi, semblable à un ancien Philosophe, *je ne demande pas s'il sait beaucoup,
mais s'il sait bien.* Les sciences ressem-
blent à de certaines préparations chimi-
ques, qui tantôt sont des remedes &
tantôt des poisons; la maniere dont on en
fait usage décide seule de leur qualité. Les
hommes qu'on appelle savans, sont souvent
ceux qui jugent le plus mal des sciences,
parce qu'ils en font l'objet de leur passion,
& qu'ils y mettent leur gloire sans en fixer
l'utilité.

La qualité la plus essentielle à ceux qui
sont destinés à l'éducation d'un Prince, ne
consiste donc point dans la science, ni dans
les préceptes, mais dans la sagesse & la
sublimité du discernement, dans la raison

&

& la clarté des idées, dans l'élévation des sentimens & la connaiffance des vertus & des qualités néceffaires à un Souverain. Ce qu'on appelle vulgairement l'inftruction ne doit tenir qu'un rang fecondaire dans cette éducation.

Quand même celui que l'on choifirait pour élever un Prince ne ferait pas bien au fait des intérêts des Princes de l'Europe, ni des ufages de la Cour, ce ne ferait pas un grand mal, parce qu'il ferait facile d'y fuppléer ; mais le caractere qui rend un homme capable de cet emploi ne peut fe remplacer ; on ne peut faire mieux con- naître ce caractere qu'en difant que c'eft lui qui fait qu'un homme blâme toujours ce qui eft blâmable, & loue hautement ce qui mérite d'être loué ; qu'il rabaiffe ce qui doit être naturellement bas, & vou- drait fe montrer fous de beaux dehors, & fait fentir ce qui eft grand & noble en foi- même ; qu'il juge de tout avec modération, fageffe & équité, & propofe fes jugemens d'une maniere agréable & proportionnée à

B

ceux à qui il parle ; & enfin qu'il conduit toujours vers la vérité l'esprit de son Eleve ; qu'il lui apprend sur-tout à discerner la prudence de la dissimulation, & la discrétion du mensonge, si familier dans les Cours.

Il ne doit pas remplir ces grands objets de l'éducation par des réflexions préparées & formelles, ni s'arrêter à tout moment à donner des leçons & des regles du bien & du mal, du vrai & du faux ; il doit éviter tout ce qui tendroit à faire découvrir la supériorité de sa raison. Il doit être avare de longs discours, mais s'attacher à gagner la confiance de son Eleve, en lui évitant tout ce que les formules de l'éducation ont de rebutant pour la jeunesse ; il doit agir presque toujours d'une maniere insensible. C'est un tour ingénieux de l'esprit qui peut seul fixer les regards du jeune Prince sur les choses qui sont grandes & méritent d'être considérées, & cacher celles qu'il ne faut point qu'il voie, ou qui ne sont point dignes de ses remarques. C'est l'habitude des choses nobles & convenables

qui fait paroître le vice ridicule, & qui peu
à peu forme le goût pour les grandes actions ; qui fait défirer le bonheur public,
le maintien du bon ordre, la confervation
des mœurs, le progrès des fciences & des
arts. Les mêmes faits, les mêmes chofes
qui fervent à former le jugement & à épurer
le cœur quand elles font expliquées par un
homme capable, peuvent corrompre l'efprit & dégrader les inclinations d'un jeune
homme entre les mains d'un Maître mal
habile.

DISCOURS II.

De la maniere d'inftruire.

LES Précepteurs des Princes ne fe croient
ordinairement obligés de les inftruire qu'à
certaines heures & par des leçons expreffes
& préparées ; mais un homme habile dans la
connaiffance de l'efprit & du cœur humain,
ne fixe point d'heure pour les leçons, tout
dans la nature devient leçon pour fon Eleve,

souvent il s'inſtruit davantage dans les momens de récréation que dans ceux de la
leɛture & du travail. Car la nature eſt un
grand livre; le plus haut degré de la ſcience
humaine, eſt de la bien connaître, & le
temps le plus propre à l'étudier, c'eſt l'âge
de la curioſité & du développement des
organes (1). Ayant pour principal but de
lui former le jugement par l'expérience &
la comparaiſon des différens objets entr'eux,
tout ce qui ſe préſente. eſt une matiere
d'inſtruɛtion, & cette inſtruɛtion eſt d'autant plus précieuſe, qu'elle agit de concert
avec le développement des facultés de
celui qu'on inſtruit, & qu'elle pénétre à la
fois ſon eſprit & ſon entendement, tandis
que ce qui lui eſt propoſé ſous la forme

---

(1) « Je le laiſſai jouer & je jouai avec lui ; mais je
» lui faiſais remarquer tout ce qu'il faiſait ; & ces petites
» obſervations étaient un nouveau jeu pour lui. Il reconnut
» bientôt qu'il n'avait pas toujours été capable des mouve-
» mens qu'il avait crû juſqu'alors lui être naturels ; il vit
» comment les habitudes ſe contraɛtent, &c. ». L'Abbé
de Condillac, Éducation du Prince de Parme, Tom. Iᵉʳ,
Leçons préliminaires.

aride & défagréable de leçon, frappe tout au plus fa mémoire d'une maniere abftraite & fugitive.

Cette maniere d'inftruire étant pour ainfi dire infenfible, le fruit que l'Eleve en retire, eft moins apparent que celui des leçons ordinaires. Il n'inculque point au jeune homme la perfuafion de fa propre fcience, elle ne contribue point à le rendre préfomptueux, ni à l'engager à faire parade de fa mémoire, & de cette démangeaifon de parler, qu'on appelle mal-à-propos, de l'efprit; il eft encore modefte lors même qu'il eft éclairé; comme il a beaucoup appris fans peine, & par la feule habitude d'exercer à la fois les facultés de l'efprit & du corps, à mefure que ces facultés fe développent, il croit encore ne rien favoir, & ne s'occupe que de ce qui lui refte à apprendre, c'eft à-dire, des objets innombrables qui excitent fa curiofité à mefure qu'il avance en âge, que fes fenfations font plus vives, & que les organes de fes fens prennent plus de confiftance. Au lieu de vouloir, comme tant d'enfans, dont les meres sont folles, parler & raisonner de tout ce qu'il ne sait pas, il n'ouvre pour ainsi dire la bouche que pour faire des questions; heureux s'il se trouve auprès de lui des hommes capables de lui répondre avec vérité, complaisance & clarté. Cependant les personnes frivoles ou peu intelligentes, croiront qu'un tel Eleve est moins avancé que d'autres enfans de son âge, parce qu'il fera plus lentement une traduction de latin en français, ou qu'il répétera avec moins de volubilité les Fables de la Fontaine, ou les vers de Virgile. Ne jugeant de l'instruction de leurs enfans que par des choses futiles, elles feront souvent moins d'état d'un instituteur vraiment habile & sage, que d'un homme à la mode, qui n'aura qu'un savoir superficiel & pédantesque, & un esprit sans lumiere.

Dans l'éducation des Princes, on ne doit pas négliger de leur apprendre la Géographie, l'Histoire, les Langues, les Mathématiques, & leurs études doivent être

réglées à cet égard, à proportion de leur
entendement & de maniere à ne pas forcer
leurs organes, ou fatiguer leur mémoire
& leur attention. Ces sciences veulent être
apprises lentement & avec ordre, & l'étude
journaliere & suivie qu'elles exigent est
d'autant moins à négliger qu'elle doit servir
à les rendre laborieux & à les assujettir à
l'habitude des devoirs. Mais hors de ce
temps d'étude il faut ménager avec adresse
toutes les occasions de leur faire apprendre
les choses pour lesquelles on n'a pas cou-
tume de donner des leçons expresses, &
que la plupart des jeunes gens ignorent
encore, lorsqu'ils sont en âge d'entrer dans
le monde, par la négligence, la faute & l'im-
péritie de ceux à qui l'on a confié leur éducation. De cette ignorance proviennent de
grands maux : c'est elle qui laisse croître
ces beaux esprits, qui ont le jugement
faux; ces hommes du monde, ces courtisans agréables, qui manquent totalement
de principes ; ces hommes aimables qui
n'ont point de caractere, & qui sont
sans cesse les confidens, les instrumens

ou les victimes des passions d'autrui ; ces hommes si faciles à se prêter à toutes sortes de mœurs, parce qu'ils n'en ont point, & n'en connaissent ni l'habitude, ni l'importance ; ces demi héros qui montrent du courage, & manquent en toute occasion de savoir, de prudence, de persévérance, de modération & de vertu. Il faut, s'il est possible, qu'un Prince n'ignore rien de ce qui est dans le monde, & qu'il en soit instruit, non par des détails vils & méchaniques, mais d'une maniere utile & grande, qui serve à former son jugement & ses mœurs, tellement que ses vertus & ses qualités civiles soient le fruit de ses réflexions.

Former le jugement d'un jeune homme, c'est lui donner le goût & le discernement du vrai, en lui apprenant à comparer entr'eux les différens objets physiques ou moraux, & à en tirer un résultat qu'on nomme sentiment ou jugement (1). Par exemple,

____

(1) Il me semble que l'Abbé de Condillac, dans son Cours d'éducation, a un peu outré ce principe, en exerçant

un Roi puissant voulant subjuguer une République, fait marcher cent mille hommes contr'elle. Jaloux d'entrer en triomphe dans la capitale de cette République, il veut commander ses troupes en personne, & s'avance comme un torrent que rien ne peut arrêter : ses soldats ne sont pas des citoyens, ne songeant qu'à se faire des armées nombreuses, tout homme est admis dans ses légions. Ils n'ont point d'intérêt à la guerre ; la crainte seule les contraint d'obéir. La République ne peut envoyer que dix mille hommes contre cette grande armée ; mais chacun d'eux est animé par l'amour de la patrie, & la nécessité de dé-

---

trop promptement le jugement de son élève, sur des objets de métaphysique ; ainsi qu'on le voit dans ses Leçons préliminaires ; il dit que son élève n'avait alors que huit ans. Il est vrai qu'il l'annonce comme un jeune Prince doué d'un esprit très-pénétrant ; mais quand il s'agit de principes d'éducation, on doit les tracer de maniere qu'ils puissent convenir aux sujets médiocres, aussi-bien qu'à ceux à qui la nature a donné des sensations exquises, & ne pas entreprendre de leur faire concevoir, dès les premieres leçons, ce que l'Abbé de Condillac appelle *le Système des opérations de l'ame.*

fendre son bien, ses foyers, sa femme, ses
enfans ; ils ont à leur tête le citoyen le plus
éclairé, le plus courageux, le plus éloquent. A la vue de l'ennemi, il rappelle
en peu de mots à ces braves guerriers l'intérêt qu'ils ont à faire une vigoureuse
résistance, & à mourir plutôt que de céder
au vainqueur. Il expose sous leurs yeux
l'image affreuse de leurs femmes & de leurs
filles entre les mains des barbares, de leurs
pénates renversés, de leur gloire flétrie :
il leur parle des victoires de leurs ancêtres,
des statues des grands hommes, qui du
fond de l'Elisée, vont être témoins de leur
honte ou de leur vertu. Cependant il range
son armée sur un tertre prolongé qui pré-
sente aux attaquans des mamelons difficiles.
Il appuie l'aîle gauche à une coline, & la
droite est couverte de bois & de halliers
épais, le front de son armée couvre entierement la ville, & en défend tous les accès,
& cette ville elle-même qu'il a laissée der-
riere lui, offre une retraite & un dernier
point de résistance en cas de mauvais succès.
En comparant ces situations, la différence

des motifs qui animent les deux partis, le choix du terrein, la capacité des chefs ; le résultat de ces comparaisons sera que, malgré l'inégalité du nombre, la victoire doit rester du côté du savoir, de la bravoure & de la vertu, & votre Eleve comprendra comment Miltiade aux champs de Maraton, vainquit, avec dix mille hommes seulement, les cent mille soldats du Roi de Perse, & sauva la République d'Athènes.

Le jugement d'un enfant doit être exercé d'abord, sur des objets de comparaison beaucoup plus simples que celui que je viens de citer, tels que les distances, les proportions, la différence des especes & des figures ; on en vient ensuite aux objets composés, & enfin aux objets moraux, tels que les caracteres des anciens guerriers, des Rois & de leurs courtisans ; les caracteres des morts servent ensuite à connaître & à juger ceux des vivans. Connaissance bien nécessaire à quiconque doit régner, mais dans laquelle il doit s'exercer lui seul, d'après ce qu'il aura appris dans sa jeunesse de la science du

cœur humain & de la différence des ca-
ractères. Malheur au Précepteur qui,
après avoir appris à son Eleve à discerner
l'homme vicieux, ou bizarre, ou flatteur,
se servirait pour exemple de ceux qui peuvent se rencontrer à la Cour. Car outre
l'indiscrétion & la malignité d'une telle
conduite, il en pourrait résulter des dangers pour le Prince lui-même, & ces impressions inutiles & prématurées ne pourraient que lui nuire.

L'apologue peut aussi servir à former le jugement; mais il faut l'employer avec ména-
gement & précaution. Je n'approuve point
qu'on fasse apprendre par cœur aux enfans,
sur-tout à ceux des Princes, toutes les Fables
de la Fontaine; il y en a un certain nombre
qu'il est bon de leur enseigner à mesure qu'ils
avancent en âge, & que leurs connaissances
s'étendent. Il en est d'autres qu'ils ne doivent
lire qu'à la fin de leurs études, & qui ont
encore besoin de leur être expliquées par
un homme sage. La Fontaine étoit un Philosophe paresseux, qui écrivait pour lui-

même & pour les gens d'esprit de son siecle, bien plus que pour les jeunes gens (1). Il y a plusieurs de ses Fables dont les maximes sont plus hardies que celles des Ecrivains qu'on appelle téméraires, & ces maximes sont d'autant plus à craindre dans leurs effets, qu'elles sont renfermées en peu de mots, dont chacun peut restreindre ou étendre le sens, à proportion de ses passions ou de ses goûts. La lecture de ce qui nous est parvenu des Fables Indiennes de Bidpay & de Lokman, n'a pas les mêmes dangers, & un jeune Prince y trouvera beaucoup plus d'instruction.

On doit s'attacher à rendre un jeune

____

(1) « Sa philosophie, si admirable dans les développemens
» du cœur humain, ne s'éleva point jusqu'aux généralités
» qui forment les systêmes : de-là, quelques incertitudes
» dans ses principes, quelques fables dont le résultat n'est
» point irrépréhensible, & où la morale paraît trop sacrifiée
» à la prudence ; de là, quelques contradictions sur quel-
» ques objets de politique & de philosophie ».
Eloge de la Fontaine, par M. de Champfort, couronné
à l'Académie de Marseille en 1774.

Prince habile à reconnaître les faux rai-
fonnemens, à ne point céder à des principes qu'il n'entend pas, à de prétendus
ufages dont il reconnaît le néant ou la frivolité, à de prétendues loix qui ne font
point connues du peuple, à ne point fe
laiffer entraîner qu'il n'ait approfondi &
pénétré chaque chofe.

Il faut lui enfeigner à faifir le point de
difficulté dans les queftions embarraffées, &
à remarquer ceux qui s'en écartent. Il faut
enfin lui inculper des principes qui puiffent
lui fervir à trouver la vérité dans les chofes
qui font foumifes à fon jugement.

DISCOURS III.

*Des études, & comment on peut fortifier
les qualités intellectuelles.*

LES études ont pour objet de porter les
efprits jufqu'au point où ils font capables
d'atteindre. Un Philofophe célebre & beau-

coup d'autres Ecrivains ont cru que tous les hommes naiſſaient avec les mêmes facultés de s'inſtruire, de penſer & même d'agir, & que la différence que l'on remarquait entr'eux à cet égard ne provenait que de l'éducation & des haſards qui y concourent. Je ſuis bien éloigné d'adopter ce ſyſtême, il naît des hommes abſolument dépourvus de la faculté d'apprendre, d'autres de la faculté de penſer. La différence qui exiſte entre les organes des ſens d'un homme ordinaire & ceux d'un imbécile, cauſe certainement dans ce dernier un empêchement à l'inſtruction, qu'aucune méthode d'éducation, qu'aucun haſard de découverte, aucune occaſion de remarque ne ſaurait ſurmonter. Je ſuis très-étonné qu'une pareille erreur ait pu s'emparer d'un homme de beaucoup d'eſprit, & dont les ſens & les organes étaient parfaits; (1) mais je crois que de même qu'un ſens peut être perfectionné par l'uſage d'un autre ſens, telle qualité de l'eſprit qui pourrait ſe trouver faible

______

(1) Helvétius.

dans un Eleve, peut être fortifiée &
agrandie par l'ufage raifonné d'une autre
qualité de l'efprit qui fe trouverait domi-
nante. J'en ai fait l'expérience fur moi-
même & fur d'autres, & ce n'a pas été
fans fuccès. Il y a entre toutes les qualités
& les opérations de l'efprit une liaifon néceffaire qui fait que l'une fert avec le temps
au développement de l'autre. *L'attention*
qui fe fixe fur un objet conduit à la *com-*
paraifon qui rapproche cet objet d'un autre
objet préfent ou dont on fe reffouvient.
La *comparaifon* eft le motif du *jugement*
que l'on porte fur ces deux objets, & qui
en fait voir les différences ou les rapports.
La *réflexion* conduit l'attention fur plufieurs
objets, ou fur plufieurs parties d'un feul
objet, & occafionne une fuite de *compa-*
raifons d'où naiffent une fuite de *jugemens*
qui ne font que l'effet d'une qualité fur une
autre qualité, ou d'une partie fur une partie
des chofes comparées. *L'imagination* eft
l'effet de *l'attention* qui fe fixe fur deux
chofes indépendantes, & les réunit pour
n'en faire qu'une feule idée, de laquelle

il

il résulte une création de l'esprit. Le *rai-sonnement* est formé de plusieurs jugemens, dont le premier contient ce qu'on appelle principe ou proposition majeure ; un, ou plusieurs autres, le développement ou la proposition mineure ; & le dernier la consé-quence. L'entendement n'est autre chose que le nom que l'on donne à l'assemblage des facultés de donner attention, de com-parer, de juger, de réfléchir, d'imaginer & de raisonner. Or, ces facultés intellec-tuelles, ne font elles-mêmes que la suite naturelle des facultés corporelles, que nous appellons voir & sentir.

De même qu'il y a un enchaînement nécessaire entre toutes les opérations de l'esprit, de même, il y en a une entre toutes les connoissances humaines ; l'une conduit à l'autre, & dès qu'un enfant a du goût pour une science, il est facile de lui inspirer au moins de la curiosité pour les autres.

Ces principes, qui me paraissent incon-testables, étant une fois admis, toutes les difficultés de l'instruction s'applanissent, pourvu que le Précepteur soit intelligent.

Il ne faut pas confondre ces mots *éducation* & *instruction*. L'éducation est, comme je l'ai déja dit, le fruit des impressions que l'on reçoit dans tout le cours de la jeunesse, non-seulement dans l'étude, mais dans la vie habituelle, dans les récréations même. L'art de diriger avantageusement ces impressions, est l'occupation d'un sage, & si sage qu'il soit, il ne l'est jamais assez pour porter cette éducation aussi loin qu'elle peut s'étendre. *L'instruction* au contraire n'est qu'une seule partie de l'éducation, & se borne à ce qu'on appelle sciences, connoissances acquises, dans lesquelles on ne comprend point la vigueur du caractere, la justesse du jugement, la douceur & la régularité des mœurs : qualités bien plus essentielles & qui s'acquierent cependant aussi, mais d'une maniere journaliere & insensible, ainsi que je l'ai démontré, & comme je le ferai voir encore en traitant de la morale nécessaire à un Prince.

L'inſtruction ne donne ni la mémoire, ni l'imagination, ni l'intelligence ; mais entre les mains d'un homme attentif & habile, non-ſeulement elle cultive toutes ces parties, mais elle les fortifie l'une par l'autre. On aide à l'intelligence par la mémoire, & l'on ſoulage la mémoire par la faculté d'imaginer & de concévoir. On dit ſouvent, *tel homme a une grande mé-moire*, lorſqu'on devroit dire : *tel homme a une grande conception.* La conception ſaiſit au paſſage ce que la mémoire ne peut retenir, ce que l'on conçoit bien, on l'apprend bien, la mémoire n'y a aucune part ; on ne ſe ſouvient pas, on conçoit, on ne répétera ni les mêmes mots, ni les mêmes formules, on ne ſe ſouviendra pas même du livre, ni de l'auteur ; mais l'idée reſte & l'inſtruction germe. Il en eſt de même de celui dont la mémoire eſt facile ; mais la conception faible ou lente, il n'apprendra d'abord que les mots, le ſens lui échappera ; mais la mémoire fixant l'objet dans ſa tête, & le lui rendant préſent pendant une longue ſuite de momens, la réflexion produira ce que

C ij

l'intelligence n'avait pu faire feule, & l'idée fera comprife & retenue dans un délai plus ou moins long : ce délai s'abrégera même par l'habitude & l'ufage de pratiquer cette méthode. Si l'Eleve, il eſt vrai, n'avoit ni mémoire ni conception, la combinaiſon deviendroit très-difficile, & il y aurait peu d'eſpoir d'en faire un homme diftingué ; cependant il ne faudrait pas renoncer à l'inftruire, s'il étoit capable d'attention. Les progrès feraient lents, mais il pourrait en faire. Et l'attention, cette faculté méditative, pourrait, avec le temps, aider à en développer quelques autres qualités. Le défaut de mémoire, de conception & l'attention, forme l'imbécillité complette. Il faut bien fe garder de prononcer légérement fur l'abfence de quelqu'une de ces qualités de l'efprit, il faut auparavant travailler patiemment à en faire l'épreuve ; il y a des enfans dont l'efprit fe développe lentement & avec peine, cela eft fatiguant & fâcheux pour l'inftituteur ; mais plus il aura de fageffe, plus il s'armera de courage. De tels Eleves font devenus quelquefois de grands hommes.

Lorsqu'on a reconnu que quelqu'une des facultés manque, il faut y suppléer par les autres, quelqu'éloignées qu'elles paraissent; l'adresse du Maître est d'appliquer d'abord ceux qu'il instruit aux choses où ils ont le plus de disposition naturelle, & d'en profiter ensuite pour les tourner avec plus de facilité à celles dont ils paraissent moins capables. Il y a des enfans dont il ne faut exercer presque que la mémoire, parce qu'ils ont la mémoire forte & l'intelligence faible; il faut ensuite les amener à des réflexions naturelles, ou de curiosité, sur ce qu'ils ont appris, & façonner, pour ainsi dire, avec la main, leur tardive intelligence.

Les plus grands esprits sont soumis à des bornes, & il s'y trouve toujours quelque partie sombre & mal éclairée. L'esprit des enfans, nâgeant dans l'obscurité, n'est formé que de faibles rayons. Il faut ménager ces rayons, les accroître & les multiplier, sans permettre qu'aucun s'affaiblisse ou s'éteigne. C'est en cela que consistent toutes les regles générales que l'on puisse

donner pour l'inftruction. On n'en peut pas
fixer de pofitives, parce qu'il faut que le
Maître fe proportionne à ce mêlange de
lumiere & d'obfcurité qui varie dans chaque
Eleve; il faut fouvent tenter différentes
voies pour entrer dans l'efprit des enfans,
& s'arrêter à celles qui réuffiffent le mieux.
Mais, en général, les lumières des enfans
étant toujours très-dépendantes de leurs
fens, il faut commencer par perfectionner
en eux les perceptions des fens, & les
inftruire, non-feulement par les difcours &
par les lectures, mais encore par la vue;
il n'y a point de fens qui faffe fur l'efprit
une fenfation plus vive, & qui faffe naître
des idées plus nettes & plus diftinctes.

Lorfque le jeune Prince fera forti des
mains des femmes, & qu'il aura appris à
lire & à former les caracteres de l'écriture,
il convient, & je crois même néceffaire,
de lui infpirer le goût du deffin, & de
lui en enfeigner les élémens; on doit fur-
tout lui faire connaître les règles de la perf-
pective, afin de lui perfectionner le coup

d'œil. Aucune étude n'eft auffi agréable à cet
âge, ni auffi facile : les doigts jeunes & fou-
ples fe prêtent aifément à tous les contours
que le deffin exige; elle eft d'ailleurs utile
dans tout le refte de la vie d'un Prince, fi
ce n'eft pour la pratiquer, comme il le doit
faire dans les voyages & dans les armées,
du moins pour juger des projets des Ingé-
nieurs, & encourager les travaux des artiftes;
c'eft d'ailleurs une étude compatible avec
toutes les autres, & qui leur eft fouvent
auxiliaire.

La vue du jeune Prince, fuffifamment
affermie, & lorfqu'il faura d'un coup d'œil
apprécier les diftances fixées, ce qui eft un
avantage effentiel fur le commun des hommes, il faudra en faire ufage pour fon inftruction; & comme on fe propofe de perfectionner
la mémoire & l'entendement par la vue,
la Géographie eft, après le deffin, & concurremment avec cet art, l'étude la plus
convenable; car elle eft facile, elle excite
& développe la curiofité, elle dépend prefqu'entierement des fens, & conduit à un

grand nombre d'autres sciences. Après avoir donné au jeune Prince une idée générale de la sphere, on lui racontera l'histoire de la création & de l'enfance du monde ; on lui enseignera la Géographie ancienne , & d'abord la situation des mers , des fleuves, des lacs & des montagnes qui ne changent point , & ensuite celles des empires , des républiques , des villes qui ont subi de grandes révolutions : outre que cette étude est divertissante ; quand elle est dirigée par un homme d'esprit qui raconte bien, & avec précision & clarté, elle n'exige pas beaucoup de raisonnement ; & c'est toujours le raisonnement qui manque le plus à l'enfance.

Pour rendre cette étude plus utile & plus agréable , tout ensemble , il ne faut pas se borner à montrer au jeune Prince , sur les cartes, les noms des villes & des provinces ; il faut encore employer des manieres adroites, pour l'aider à les retenir.

On a des livres où les villes les plus grandes & les plus fameuses sont peintes,

& le deffin , fecondant la Géographie, augmentera l'attention du jeune Prince à les
confidérer ; alors on lui racontera quelque
trait d'hiftoire remarquable fur chacune de
ces villes, afin d'accroître fa curiofité &
d'attacher fa mémoire : les enfans aiment
toujours ces divertiffemens, & il faudrait
que le Précepteur fût bien mal-à-droit s'il
n'en tirait pas l'occafion de fe faire aimer
de fon Eleve.

Si l'on parle devant lui de quelqu'hiftoire , de quelque bataille, de quelque
curiofité d'hiftoire naturelle, il ne faut
jamais oublier de lui en montrer le lieu fur
la carte ; enfin il faut tâcher qu'il place fur
fes cartes tout ce qu'il entendra dire, &
qu'elles lui fervent de mémoire artificielle
pour retenir ce qu'il aura entendu.

L'étude de la Géographie ancienne donnera néceffairement au jeune Prince le goût
de l'Hiftoire ancienne ; il voudra connoître
les peuples du Gange & de l'Euphrate, ceux
du Nil & ceux du torrent de Cedron. Les
Grecs & les Romains fixeront fur-tout fon

attention, & on n'aura pas de peine à lui inspirer le défir d'apprendre la langue de ces peuples, que l'Hiftoire lui aura repréfentés fous des couleurs fi brillantes. Il apprendra avec plaifir quelles étaient les armes des Romains, quels étaient leurs habits, leurs ufages, comment les armées Romaines étaient ordonnées, ce que c'était que les légions & les cohortes, & les livres, où l'on a gravé ce qui nous refte des antiquités de cette premiere ville du monde, feront bientôt fes délices.

Les portraits des Hommes illuftres, des Empereurs & des Rois, peuvent fervir encore à arrêter les idées dans la mémoire. On ne doit rien négliger de ce qui peut exciter la curiofité. Cette curiofité, loin d'être un vice dans l'enfance, ouvre l'efprit, & le détourne de tout ce qui pourrait altérer fa juftefle. Toutes les études préliminaires dont nous venons de parler, ne doivent occuper le Prince que jufqu'à fa neuvieme année. Alors l'étude de la Géographie ancienne & de l'abrégé de l'Hif-

toire ne seront plus qu'un divertissement;
les deux langues, grecque & latine, devien-
dront l'étude principale pendant trois ans;
on interrompra même le dessin pendant
cet intervalle, pour ne le reprendre qu'à
treize ans, avec l'étude des Mathématiques
& de l'Art militaire. La Géographie moderne ira concurremment avec les leçons
de Réthorique & de Logique, qui doivent
occuper entierement la douzieme année.
A quatorze ans, le cours de Physique & la
continuation des Mathématiques se join-
dront à l'étude de l'Histoire Moderne, à la
connaissance des vertus célebres, à l'étude
politique des loix de la France & de
celles des peuples voisins, & aux leçons
insensibles de la morale qui convient à un
Prince. Parvenu à sa seizieme année, sa
jeunesse se sera avancée au milieu de l'étude
& de la sagesse, & à cette époque, où les
Précepteurs & les Peres eux-mêmes per-
dent le plus souvent leur empire, il serait
difficile, qu'ayant l'habitude de s'instruire,
& convaincu qu'il lui reste beaucoup à apprendre pour remplir avec dignité la con-

dition à laquelle il est appellé, il se livrât à la frivolité & aux vices, qui se glissent si souvent dans les Cours.

DISCOURS IV.

De la science des Langues.

On rencontre souvent de la difficulté à montrer aux enfans la Langue latine, qui est une partie nécessaire de leur instruction. Les méthodes qu'on emploie ordinairement rendent l'étude de cette Langue seche, longue & pénible. Mais les difficultés s'évanouissent lorsque l'on sait que l'étude des Langues consiste principalement dans la mémoire, & est par conséquent proportionnée à leur âge. Tout l'art du Maître consiste à mettre cette connoissance à profit.

La méthode d'enseigner les sciences, & sur-tout les Langues, par des regles générales, est contraire à la nature de l'entendement humain. Jamais personne n'a rien appris de cette maniere: lorsqu'un homme veut ap-

prendre une fcience, il doit en étudier
d'abord quelque partie qui foit à fa portée ;
&, s'inftruifant gradativement de tous les
détails de cette fcience, il généralife enfuite fes idées à mefure qu'il les acquiert.
Mais à quoi pourraient lui fervir des regles
générales, & comment pourrait-il parvenir
à les concevoir & à les retenir, avant de
connaître les objets auxquels elles fe rapportent ? A plus forte raifon dans l'étude
des Langues, il eft inutile & déraifonnable
de vouloir apprendre à un enfant la Grammaire avant qu'il ait appris, par l'habitude
& l'ufage, les mots & les tours de la Langue
qu'on veut lui enfeigner. Comment peut-
on oublier que dans toutes les Langues il
y a eu des Orateurs & des Poëtes, avant
qu'on imaginât de faire des Grammaires &
des Poétiques.

Les enfans deftinés par leur naiffance à
commander un jour aux autres hommes,
font plus impatiens & moins appliqués que
les autres ; ils apprennent le latin dans leur
jeuneffe avec répugnance, & fi imparfai-

tement, qu'ils l'oublient entierement dans
la suite. Cela n'arriverait point si l'on éta-
blissait la méthode de leur enseigner cette
Langue, d'après le principe reconnu que la
science des Langues consiste dans la mémoire. On s'attacherait à frapper cette faculté de l'esprit, au lieu de fatiguer leur raisonnement encore faible par des préceptes
souvent difficiles à comprendre, & toujours
ennuyeux.

Il faut d'abord leur faire entendre com-
bien il leur serait nuisible d'être bornés
à l'entretien des contemporains, & d'être
privés de celui des grands hommes qui parlent avec une éloquence & un esprit sublimes dans les ouvrages composés en cette
Langue, & que l'on ne peut, pour ainsi
dire, reconnaître dans les traductions qu'on
en a faites.

Comme vous leur aurez fait remarquer,
en parcourant la Géographie & l'Histoire,
la grande différence qui se trouve entre les
gouvernemens, les mœurs, les climats,
ils concevront bien que chaque Langue a

fon génie, que l'on ne faurait faire paffer dans une Langue étrangere. Les traits d'hiftoire que vous leur aurez appris, en leur faifant voir les cartes & les eftampes, auront d'ailleurs excité leur curiofité; & après leur avoir fouvent parlé des victoires de Céfar, vous pourrez commencer à leur montrer le latin, en leur infpirant le défir de favoir comment ce Héros en a parlé lui-même dans fes Commentaires. Vous leur mettrez le livre en main; bien convaincu qu'ils ne peuvent l'entendre, vous leur en ferez lire des paffages, & vous attendrez qu'ils vous preffent ardemment de les leur expliquer; cette attente ne fera jamais vaine. Et fi le morceau que vous aurez choifi pour lecture eft intéreffant, vous verrez redoubler leur impatience à la leçon fuivante.

Bientôt ils vous prieront de leur apprendre les moyens d'expliquer eux-mêmes ce livre, qui leur deviendra précieux, & alors vous employerez la verfion interlinéaire imaginée par M. du Marfais; c'eft fans doute la meilleure méthode pour enseigner une Langue, puisqu'elle correspond à celle que suit un enfant qui apprend la Langue de ses peres ; elle substitue le mot latin au français, comme l'enfant substitue le nom qu'il vient d'entendre, au geste par lequel il s'exprimait auparavant. Vous pourrez aussi leur mettre entre les mains la Grammaire latine & le Dictionnaire, en vous bornant à leur en indiquer l'usage. Vous vous garderez bien de leur faire apprendre par cœur les substantifs & les verbes ; car de toutes les leçons, celles-là répugnent le plus à la mémoire par la forme elle-même ; mais vous leur apprendrez à chercher chaque mot dans le Dictionnaire, & à en découvrir par les regles de la Grammaire, le cas si c'est un nom, & le temps si c'est un verbe.

Par cette méthode, pour peu qu'un enfant ait d'esprit, avant six mois de leçon, il commencera à traduire seul, & bientôt il saura tous les mots de la Langue, & comprendra toutes les regles de la Grammaire. Ce n'est qu'à cette époque qu'il faudra l'exercer, l'exercer à traduire le français en latin, à parler latin dans l'occafion, & à connaître les charmes & l'énergie de la poéfie latine. Une année fuffira pour le perfectionner dans la fcience de cette langue, qu'il n'oubliera de fa vie.

Un Inftituteur qui ferait du latin le principal & le premier objet de fes leçons, indépendamment de ce qu'il priverait fon Eleve de beaucoup d'inftructions préliminaires que l'on ne peut retrouver dans la fuite de la vie, lui ferait perdre un temps confidérable à étudier la grammaire. Et ne lui montrant ni à bien parler, ni à fentir les beautés de fa propre langue, ne lui ayant donné aucune notion de Géographie & d'Hiftoire, comment pourrait-il lui faire fentir les beautés de la langue latine, & l'engager à l'étudier avec goût? Quel Ecrivain du fiecle d'Augufte ferait à la portée d'un enfant dépourvu de toute connaiffance, & pourquoi lui faire lire en latin des chofes qu'il ne pourrait entendre en français. On s'étonne que l'étude du latin foit fi longue dans les colléges, & que si peu d'écoliers fachent cette langue à la fin de leurs études: moi je suis étonné de leurs progrès, quand je considere le peu de soin que l'on prend de leur applanir les difficultés de l'étude, & de les mettre en état d'expliquer les auteurs; enfin l'éducation défectueuse qu'on leur donne à tous égards.

La plupart des personnes employées à enseigner le latin aux enfans, semblent ne s'attacher qu'à leur apprendre des mots, elles ne se ressouviennent point qu'il faut toujours joindre ensemble diverses utilités, souvent aussi ces personnes en font peu capables. On ne saurait trop éviter de confier aucune partie de l'instruction d'un Prince à de pareils Maîtres, de même que le dessin sert à inspirer aux enfans le goût de la Géographie, la Géographie celui de l'Histoire, & l'Histoire le desir d'apprendre les langues, de même les livres qu'un Maître fait lire à son Eleve pour lui apprendre les langues, doivent servir à lui former le caractere, le jugement, les mœurs. Les Maîtres doi-

vent auſſi avoir ſans ceſſe préſent à leur
eſprit tout ce qu'ils doivent montrer, afin
de ſaiſir les occaſions favorables de développer l'eſprit des enfans, & de faire même
naître ces occaſions, pour graver dans leur
mémoire & dans leur jugement les principes
qui leur ſont néceſſaires. Il eſt impoſſible
de ſe proportionner à la portée des enfans,
lorſque l'on fait des efforts pour trouver ce
que l'on doit dire.

Les étymologies de pluſieurs mots français qui ſe préſentent dans la converſation,
peuvent ſervir à pluſieurs mots latins, & ſouvent ces étymologies ſe trouvent liées à
des anecdotes agréables & utiles : c'eſt
en telles occaſions, que l'homme inſtruit
& aimable dans ſa ſageſſe, ſe diſtingue du
pédant de collége & de l'homme borné ;
il ne faut jamais donner rien à retenir aux
enfans qui ne ſoit excellent. On voit des
perſonnes qui ont un bon eſprit, qui rai-
ſonnent juſte, & qui néanmoins parlent
& écrivent d'une maniere ignoble & ridicule, parce que dans leur jeuneſſe on leur a

D ij

rempli la mémoire de mauvais tours & d'expreſſions groſſieres ou pédanteſques.

Il faut choiſir dans Cicéron, Tite-Live, Séneque & Tacite, des morceaux ſi frappans, qu'il ſoit important de ne les oublier jamais, & les donner à ſon Eleve pour qu'il les apprenne par cœur. Qu'il ne retienne rien de médiocre, & faites le même choix parmi les Poëtes. Prenez les plus beaux endroits de Virgile, Horace, Ovide, Lucain, Catule & Martial; apprenez lui à diſtinguer & à connaître les différens caracteres de ces auteurs, afin qu'il puiſſe former d'après eux, & ſon goût & ſon ſtyle. Ces modeles gravés dans la mémoire, ſont comme des moules où les penſées prendront une forme éloquente, énergique ou agréable, lorſqu'il voudra les exprimer. N'ayant dans la mémoire que des modeles excellens, il faudra par néceſſité qu'il s'exprime d'une maniere noble & élevée ; & ſi cet avantage eſt de la plus grande importance, c'eſt ſur-tout pour celui qui doit régner.

La même méthode qui ſert à bien

apprendre le latin , convient à toutes les Langues. Il n'y a point d'homme bien organisé qui ne puisse apprendre à les traduire sans Maître avec une Grammaire & un Dictionnaire ; mais il ne peut apprendre à les bien parler que par l'usage , à cause des différences & des difficultés de la prononciation. Parmi les Langues vulgaires, l'Anglais est la plus nécessaire , à cause de la célébrité & des lumieres du Peuple qui la parle , de son énergie & des chefs-d'œuvre de littérature & de philosophie qu'elle a produits. Tous ceux qui savent bien le latin, parviennent facilement à entendre les auteurs Italiens & Espagnols. L'Allemand est la seule des Langues qui se parlent dans le nord de l'Europe, dont l'étude puisse servir à des Princes Français. Les Idiomes modernes de l'Orient ne sont point assez fixés pour qu'on en puisse faire une étude , & les anciennes Langues asiatiques sont le partage des antiquaires & des savans de profession. Un Prince doit honorer leurs personnes , & il est de sa grandeur de récompenser leurs travaux ; mais il n'est point obligé de partager

leurs études, & comme il doit figurer à
fon tour dans l'hiftoire du monde, il n'a
point affez de temps pour approfondir avec
eux les myfteres de la haute antiquité.

DISCOURS V.

De l'Eloquence.

LA premiere regle de la véritable éloquence doit être de donner une idée avantageufe de celui qui parle. Cette regle eft
fur-tout néceffaire dans l'éducation des
Princes qui ont plus que les autres hommes
un grand intérêt de fe faire aimer ; tout ce
qu'ils difent, tout ce qu'ils écrivent, foit
dans les affaires publiques, foit dans la vie
privée, doit imprimer un fentiment noble
ou aimable ; il faut leur apprendre à éviter
tout ce qui reffent la vanité, la légéreté,
la malignité, l'effronterie, & généralement
toutes les manieres de s'exprimer qui peuvent rappeller l'idée de quelque vice, ou
de quelque défaut d'efprit.

Il faut que les leçons d'éloquence qu'on leur donne. puiffent convenir à toutes les occafions où ils peuvent fe trouver, foit dans les confeils, foit dans les audiences. Les Princes doivent favoir-écrire, & parler eux-mêmes avec la dignité qui convient à leur rang. Les modeles d'éloquence qu'on leur propofe exigent un choix bien attentif, & de fages remarques. Cicéron n'eft pas le principal exemple qu'on doive leur donner à fuivre, fon genre d'éloquence convient mieux aux orateurs de profeffion qu'à ceux qui doivent régner, c'eft affez qu'ils aient lu cet auteur; il eft tout au moins inutile qu'ils s'en chargent la mémoire. L'orgueil & le frivole amour de la réputation qui refpirent dans les ouvrages de ce Sénateur, ne font point eftimer fa perfonne, on l'admire; mais un homme d'une vertu févere ne voudrait pas lui reffembler.

On doit auffi faire obferver à un jeune Prince que la vanité & la légéreté de caractere gâtent les lettres de Pline le jeune, quoiqu'elles foient d'ailleurs pleine d'efprit;

& lui remontrer que la malignité & l'indécence qui se rencontrent dans quelques ouvrages d'Horace & de Martial, ne peuvent *plaire à un homme délicat;* qu'enfin celui qui par ses expressions & ses discours, donne lieu à de telles remarques, péche autant contre les premieres regles de l'éloquence, que contre les principes de la morale.

On peut diviser l'éloquence en deux especes. Celle qui consiste dans des pensées grandes, belles & sublimes, telles qu'il s'en trouve dans Lucain, Tacite & Séneque, & celle qui se manifeste moins par des traits extraordinaires & des mouvemens rapides, que par un tour naturel, simple & facile, une grande justesse de raisonnement & un choix d'idées agréables & instructives; enfin par des pensées persuasives, qui, suivant le cœur de l'homme dans tous ses mouvemens, exposent à chaque moment les objets qui peuvent le mieux servir à le toucher. C'est cette éloquence qui, sans effort, exprime les passions, qui persuade, sans que l'on puisse s'en défendre, & que l'on peut employer dans tous les instans, soit au village ou sur le trône, au milieu des dangers & dans le sein du bonheur. Virgile & Térence sont presque les seuls parmi les Romains qui l'aient bien connue. Racine & Fenelon nous en ont laissé des modeles, & comme elle fait l'agrément de la conversation civile, & sert encore à s'exprimer avec dignité dans les conférences publiques, il n'en est pas moins important de la faire goûter à un Prince, que cette éloquence mâle & sublime dont Séneque, Tacite, Corneille & Bossuet nous offrent des exemples.

Si l'on ne fait pas mêler l'éloquence persuasive à celle que nous appellons sublime, & discerner avec sagesse l'occasion d'employer l'une ou l'autre, on risque de parler & d'écrire d'autant plus mal, qu'on s'y applique davantage ; & plus on aura d'esprit & d'érudition, plus on s'égarera dans un genre vicieux.

Le style recherché, les pointes, les déclamations, l'abus des antithefes font des défauts communs à prefque tous les Ecrivains de ce fiecle. Faut-il s'étonner que les jeux de mots, les tournures du comique le plus bas, les fauffes faillies, le jargon précieux & méthaphyfique, le goût de l'affectation & de l'ironie fe foient introduits dans le langage de la Cour. Il eft de l'honneur de ceux qui font deftinés à l'éducation des jeunes Princes, de ramener la Langue françaife à fa premiere dignité, en donnant pour modeles à la génération nouvelle, des Souverains qui fachent s'exprimer avec la noble élégance qui fe faifait remarquer à la Cour, au milieu du regne de Louis XIV, & qui infpira à tous les Princes & les Seigneurs étrangers le defir d'apprendre & de parler le Français. J'aime à lire la plus grande partie des Ouvrages de Voltaire, j'admire la vafte étendue de fon efprit, mais fon ftyle fi facile & fi brillant, fon ironie fi vive & fi naturelle, ont fait des milliers de plats imitateurs, qui travaillent fans relâche à corrompre & avilir le langage, & à précipiter la décadence de la littérature.

Quand même les pointes, les images &
les expreſſions figurées feroient agréables,
elles fatiguent l'auditeur ſi elles font en
trop grand nombre, elles laſſent un bon
eſprit ſi on les emploie vulgairement &
en des ſujets qui ne les demandent point.
Quintilien a dit de Séneque qu'il était
rempli de défauts agréables ; que dirait-il
de nos beaux eſprits d'aujourd'hui ? Ils ne
craignent point de laiſſer paraître l'intention
qu'ils ont de ne rien dire ſimplement, & de
s'écarter toujours de la juſteſſe ſi néceſſaire
dans les expreſſions. Ils ſe font un mérite
de donner à tous leurs propos une tournure
ironique , & de mêler dans les ſujets les
plus graves les pointes & le langage figuré.
Il n'y a point de défaut qu'il faille plus
faire ſentir aux jeunes gens qui étudient la
véritable éloquence , parce qu'il n'en eſt
aucun qui puiſſe leur faire perdre en moins
de temps le fruit de leurs études.

Fin de la Premiere Partie.

ESSAI

SUR L'ÉDUCATION

D'UN PRINCE.

SECONDE PARTIE.

De la Morale.

DISCOURS PREMIER.

Ce que c'est que la Morale.

La morale est l'assemblage des regles que l'on doit se prescrire *à soi-même*, pour ne pas rendre inutiles les soins que les loix ont pris de la conservation des hommes réunis en société, & de leurs propriétés civiles. En vain les Ministres des loix veilleront à ce que personne n'attente aux biens ou à la vie d'un citoyen, si ce citoyen abrege

ſes jours & diſſipe ſes biens dans des plaiſirs
déréglés ; ſi inſenſible aux avantages & aux
douceurs de la ſociété , il en détruit les
agrémens par la véhémence de ſes paſſions,
la témérité de ſes diſcours & la brutalité de
ſon caractere. La morale qui n'eſt qu'une
regle de tradition , mais fondée ſur l'intérêt
continuel , nous fait éviter ces égaremens ;
elle nous ſecourt & nous aide ; elle regle
nos démarches dans toutes les circonſtances
de la vie ; elle nous conſerve , nous ſou-
tient dans les cas infinis où les loix politiques & les loix civiles ne peuvent s'étendre
& nous protéger.

Il faut que les mœurs ſoient plutôt con-
ſervées par les loix , que dirigées par elles ;
elles ne peuvent s'établir par la contrainte ,
mais ſeulement par l'opinion de ce qui eſt
bien. Ce ſont les mœurs qui retiennent de
loin tous les citoyens , & chacun d'eux en
particulier , dans les bornes utiles à la ſociété. La ſanction des mœurs eſt dans l'opinion , & l'opinion dépend des choſes que
l'on ſent, que l'on voit & que l'on éprouve ;

c'eſt par conſéquent le plus grand reſſort qui puiſſe agir ſur la ſociété. Quand l'éducation des enfans eſt ſagement dirigée, leur conduite ſe regle d'elle-même par l'expérience, & ils s'accoutument aux bonnes mœurs par l'ignorance de tout ce qui les détruit.

La décadence des mœurs eſt une ſuite ordinaire des vices & des malheurs du Gouvernement ; car dans un Gouvernement qui n'eſt point corrompu, l'homme qui voudrait s'écarter de la vertu, y eſt bientôt ramené par l'exemple du travail, & ſes beſoins journaliers, auxquels la corruption des riches ne peut fournir l'occaſion de ſatisfaire, éloignent de lui les vices qui naiſſent du loiſir. Heureux les pays, heureux les peuples où l'on ne connaît point cette ſource fatale du malheur & de l'ennui.

Les mœurs ne commandent point. Si leurs préceptes ſe trouvaient écrits dans les loix, ils agiraient moins puiſſamment : ces préceptes ne peuvent être bien obſervés que par ceux qui les ont appris, en prati-

quant tout ce qui en eſt l'objet, & en con-
traċtant l'habitude des aċtions utiles à ſoi-
même & aux autres.

« Les mœurs conſeillent alors que la loi
» ſe tait, diſait un Philoſophe à des peuples
» nouveaux, n'attendez pas que la loi vous
» ordonne, ſoyez ſi éloignés de tout ce
» qu'elle condamne, que vous ne puiſſiez
» jamais appréhender ſes menaces. Deſcen-
» dez dans votre cœur, interrogez la nature,
» elle vous dira d'être compatiſſant, humain;
» la facilité que vous trouverez à conſerver,
» à embellir, à augmenter les objets ſur
» leſquels vous porterez les combinaiſons
» de votre eſprit & le travail de vos mains,
» vous rendra laborieux, & ceux qui vous
» auront enſeigné le travail, obtiendront
» vos reſpeċts; ſi vous connaiſſez le ſoin
» d'inventer, de faire, ou d'acquérir, ſi
» vous chériſſez votre propriété, les
» juges du peuple feront à vos yeux les
» dieux de la paix: enrichis par le travail,
» vous deviendrez généreux; chaque inſ-
» tant d'une vie occupée augmentera votre

» bonheur; vous vous eſtimierez vous-mêmes,
» & votre eſprit n'aura ni le temps, ni le
» pouvoir de ſe livrer à des penſées, à des
» deſſeins indignes de l'eſtime des autres;
» n'ayant ni chagrins, ni ennuis, ni re-
» mords, la paix & la gaieté vous accom-
» pagneront toujours, & vous rendront
» plus agréables & plus vifs les courts mo-
» mens du plaiſir; citoyen utile, obligeant
» ami, fils reſpectueux, heureux époux,
» pere tendre, tous vos jours ſeront déli-
» cieux, & les leçons de l'expérience vous
» apprendront enfin que, quand on n'eſt
» point né dans le brigandage, dans la miſere
» ou l'inaction des villes ſuperbes & corrom-
» pues, ni ſous le glaive enſanglanté des
» tyrans, il eſt bien facile & bien doux
» d'acquérir & de conſerver des mœurs. »

La Morale eſt donc la ſcience des hommes,
& ſur-tout celle des Princes, puiſque non-
ſeulement ils ſont hommes & obligés de
ſe conduire d'une maniere conforme aux
regles communes de la ſociété, mais qu'ils
doivent auſſi commander à des peuples
entiers,

entiers, ce qui les oblige de fe connaître eux-mêmes, & de connaître les autres. Ils doivent étudier les paffions, les vertus; & l'ufage de la Morale étant continuel, l'étude doit en être continuelle. Elle ne faurait commencer trop tôt, parce qu'on ne faurait trop tôt commencer à fe connaître, & elle eft d'autant plus facile, que tout y peut fervir. On trouve par-tout les hommes & leurs défauts.

Les Princes doivent être inftruits des véritables principes de la Morale & en connaître la néceffité. Leurs Maîtres doivent s'attacher à la leur rendre aimable & pré-cieufe, en leur mettant fous les yeux le tableau de la vie de la plupart des Grands. Modernes ou anciens, tout doit fervir à cette utile leçon; ils y verront un nombre infini de Princes & de *Grands* qui ont paffé ou paffent leur vie dans une ignorance terrible de ce qui leur eft le plus important, qui ne favent régler leurs démarches ni leurs actions, & croient n'avoir à s'occuper que de leurs paffions & de leurs plaifirs, ou de deffeins ambitieux dont ils font incapables de prévoir les iffues ; ils confument les années dans les tourmens de l'efprit, dans les agitations de la folie & dans des illufions continuelles. Les revers fe fuccedent, le dégoût, le luxe, la tyrannie arrivent à leur fuite, & bientôt après ceux-ci, la mort qui les furprend dans les regrets d'avoir fi mal vécu. Henri III s'enivrant de faux plaifirs avec fes flatteurs & fes favoris, laiffe ufurper le Gouvernement par les Guifes ; il eft tout-à-la-fois débauché, dévot & fuperftitieux , & ne craint point de fouiller la majefté royale en ordonnant l'affaffinat de fon principal ennemi. Au lieu de réprimer les défordres publics par fon exemple, fa fageffe & fon courage, il perd un temps précieux à jouer dans des proceffions folemnelles & fcandaleufes le rôle de Pénitent. Il fait la guerre à fon beau-frere, il fe réunit à fes ennemis pour exterminer les derniers rejettons de fa famille, & eft enfuite trop heureux de retrouver le fecours de celui dont il avait réfolu la perte ; enfin il expire lui-même fous le couteau d'un aſſaſſin fanatique, qui le délivre de ſon inutile & fatiguante vie. Croira-t-on qu'il avait retenu quelques connaîſſances de Morale, & que la perfide & verſatile Médicis eût permis de donner à ſes fils quelques élémens de la véritable vertu? Non, cet âge était le fiecle de la ſuperſ tition, du crime, & l'on appliquait le nom de mœurs aux choſes qui leur ſont le plus oppoſées. Perſonne ne ſavait ce qu'il devait à lui-même & aux autres; on ſe devait tout entier à la faction & aux commande-mens criminels & ſacrés des vils inſtru-mens de l'ambition de quelques ſcélérats puiſſans.

Quelle vaſte & noble étude pour un Prince que celle de la Morale! Il faut qu'il ſoit inſtruit, & des devoirs généraux des Hommes, & des devoirs particuliérs des Princes, & de l'alliance de ces devoirs. C'eſt par-là qu'il peut prévenir cet oubli malheureux où les Grands tombent inſen-ſiblement, de ce qui leur eſt commun avec tous les autres hommes, en n'attachant follement leur imagination qu'à tout ce qui les en diftingue. Par les leçons fages, on fera comprendre au jeune Prince la véritable nature de fon rang & celle de la liberté civile, ce que c'eft que la grandeur, fon origine , & enfin ce que les hommes fe font propofé en l'établiffant au-deffus d'eux ; ce qu'elle a de réel, & ce qu'elle a de vain ; ce que les inférieurs doivent aux Grands ce que les Grands doivent au Peuple, & ce qui peut les *rabaiffer ou les élever dans l'eftime publique.*

DISCOURS II.

De la conduite que les Princes doivent tenir.

L'AFFECTION des hommes eft néceffaire dans l'emploi auquel les Princes font appellés ; c'eft à eux de s'inftruire de ce qui l'attire ou de ce qui l'éloigne , de ce qui gagne ou aliene les cœurs, de ce qui plaît ou déplaît aux hommes fages. Quelles obligations ne doivent-ils pas avoir à ceux qui leur découvrent les fources cachées de ces différens effets, & les fecrets refforts qui peuvent caufer les mouvemens d'affectation, d'eftime ou de mécontentement.

Les Grands font obligés, par leur condition même, d'être dans un exercice continuel de politeffe & d'urbanité. Mais la politeffe n'eft, pour la plupart d'entr'eux, qu'un vain amufement, & l'urbanité plus vraie & plus affectueufe, n'eft prefque plus en ufage. Un défaut choquant & très-commun parmi les Grands, eft de pratiquer inégalement la politeffe, d'avoir des démonftrations extrêmes de complaifance pour les uns, & de fe permettre des mouvemens de fierté à l'égard des autres. Souvent malgré leurs défirs, ils fe font moins aimer que haïr; ils réuffiraient mieux s'ils pratiquaient dans d'autres vues les offices de civilité, & s'ils avaient plus d'urbanité que de politeffe. L'urbanité dans un Prince prend facilement le caractere d'un exercice continuel de vertu, & produit infailliblement l'effet qu'il doit s'en promettre, c'eft à-dire, de se faire aimer du Peuple. Il faut les accoutumer à l'urbanité dès leur enfance, mais d'une maniere si proportionnée à leur âge, qu'ils ne s'en apperçoivent pas. Il faut tâcher de leur inculquer peu à peu tous les principes de morale avant qu'ils sachent qu'il y ait une morale, ni qu'on ait eu dessein de la leur apprendre. C'est l'entreprise d'un grand homme que de se proportionner ainsi à l'esprit des enfans ; & le bon Montaigne dit, avec raison, *c'est l'effet d'une ame bien forte & bien élevée, de se pouvoir accommoder à ces allusions puériles.* Faire un discours de morale est une chose facile, & il n'y a ni si triste pédant, ni si médiocre prédicateur, qui ne puisse discourir trois heures sur ce vaste sujet ; mais rapporter à des instructions morales tous les objets qui se présentent sans qu'un enfant s'en apperçoive & en soit fatigué, c'est un art dont peu de Philosophes sont capables.

Il y a deux choses à remarquer dans les vices ; le déréglement qui les rend nuisibles à la fociété ; la fottife ou le ridicule qui les rend méprifables aux hommes. Si les enfans n'ont point l'efprit affez formé pour bien fentir la premiere, on peut leur faire comprendre la feconde par mille traits ingénieux que les occafions fourniffent à un homme éclairé. Ainfi en leur faifant méprifer les vices comme ridicules, on les préparera à les haïr comme contraires à l'intérêt public.

Le temps de la jeuneffe eft prefque le feul où la vérité peut être montrée aux Princes avec quelque liberté : elle les fuit tout le refte de leur vie ; ceux qui les environnent font néceffairement conduits à les tromper, par la crainte qu'ils ont de leur déplaire, & leur vie n'eft qu'un fonge où ils ne voient que des objets faux & fous de faux afpects. L'homme chargé d'inftruire & d'élever un Prince, doit regarder par conféquent fon Eleve comme prêt à être environné d'une nuit où la vérité l'abandonnera. Il faut donc qu'il tâche d'imprimer d'avance dans l'efprit de ce jeune Prince

ce qui lui eft indifpenfable .pour fe bien
conduire dans les ténebres dont fa condition l'enveloppe par une néceffité fatale.

Il ne faut pas fe borner à lui éclairer l'efprit par des principes qui lui fervent de
guide, mais il faut lui infpirer un ardent
amour de la vérité & un extrême defir de
n'être point trompé : il comprendra bien
qu'il eft impoffible qu'il ne le foit pas, s'il
ne fait voir à ceux qui l'approcheront qu'il
n'aime rien tant que la vérité, & qu'il fait
découvrir & punir le menfonge & la tromperie.

Les méchans font bien difficiles à reconnaître dans les pays policés, & fur-tout en
France. Dans les temps où les vices étaient
moins fréquens, on ne prenait pas tant de
peine à les cacher fous des voiles honnêtes.
L'habitude de la perverfité devait néceffairement introduire dans une nation fpiri-
tuelle, tous les changemens de langage qui
pouvaient adoucir les expreffions qui la
caractérifent. La plus grande difficulté n'eft
pas de fe tenir en garde contre les hommes

pervertis, il faut encore qu'un Prince se défende des insinuations, des ignorans & des hommes à préjugés.

La plupart des gens de Cour trompent les Princes de dessein prémédité; cependant il en est quelques-uns qui ne font que leur communiquer leur propre erreur; ayant l'esprit rempli de fausses idées, de fausses opinions, que pourrait-on attendre d'eux?

Les Princes étant obligés de vivre dans un commerce continuel avec ceux qui habitent leur Cour, font par conséquent exposés (si leur éducation & la grandeur de leur caractere ne peuvent les en garantir) à réunir à eux toutes les erreurs & les idées fausses qui font répandues & féparées parmi les autres hommes. Il faut donc leur apprendre à fe garantir non-feulement de la tromperie volontaire que les hommes artificieux & intéressés mettent en ufage, mais encore de toutes les erreurs de bonne foi qui fe communiquent par les difcours, l'ignorance & les préjugés de ceux avec qui ils feront obligés de vivre, & qui, rem-

plis eux-mêmes de fauſſetés qu'ils ne con-
naîſſent pas, les font paſſer, ſans le ſavoir,
dans l'eſprit de ceux qui les écoutent.

Je ſoutiens que ces hommes, quoique
moins criminels, ſont plus dangereux que
les trompeurs de profeſſion. En effet, les
trompeurs ſe bornent à ôter à celui qu'ils
veulent tromper la connaîſſance de quelques faits; mais les autres lui ôtent en
outre la connaîſſance des principes par leſquels ont doit juger des faits. Les uns font
en détail des larcins à ſa juſtice; les autres
lui dérobent ſon équité même.

C'eſt ainſi que, par mille fauſſes maximes,
un Prince peut ſe laiſſer corrompre & l'eſprit & le cœur. Il faut donc lui enſeigner
à ſe tenir en garde contr'elles, & à regarder
comme le plus grand des malheurs, celui
d'être privé des lumieres de la vérité par
leſquelles il doit conduire ſa vie. Ce ſoin
n'eſt pas moins néceſſaire que celui de connaître ſes défauts & de ſe ſervir de toutes
ſortes d'occaſions pour les réprimer, ou
les affaiblir, en fortifiant les bonnes qua-

lités qui y font oppofées, & de diftinguer les défauts paffagers, & qui peuvent difparaître avec l'âge, de ceux que l'âge & les paffions peuvent augmenter.

On doit moins s'attacher à le préferver des chûtes, car on ne.faurait les prévoir toutes, qu'à lui inculquer des principes & des vertus, qui lui fervent à s'en relever.

DISCOURS III.

De l'influence des fens fur quelques affections morales, des plaifirs & de l'ennui.

En travaillant à former le caractere des Princes, leur efprit & leur cœur, il ne faut pas négliger de développer leur tempérament, & de les rendre robuftes, & par les exercices, & par une maniere de vivre fimple & falutaire ; car en vain recommanderait - on la patience à celui que la faibleffe & la mobilité de fes nerfs rendent prompt, irafcible & incapable de toute occupation tranquille; en vain ordonnerait-on de lever des fardeaux à celui qui, par fa conftitution délicate, ne faurait fup- porter tout ce qui eft pénible.

En négligeant de former par degrés le tempérament des jeunes gens, il en réfulte des défauts incorrigibles, puifqu'ils ont une caufe permanente dans le corps. La force des penfées de l'homme robufte s'accroît dans la folitude : les forêts, les monta- gnes, le cours fuperbe des fleuves, l'afpeʒt de la mer font naître en lui des idées vaftes, énergiques, fublimes; ces grands objets fur lefquels il médite, lui fervent de terme de comparaifon pour juger d'une infinité d'autres objets importans. C'eft-là que, jouif- fant de toutes fes facultés & des véritables prérogatives de l'homme, il apprécie, & le monde & la vie, remonte à l'origine des empires, & ofe en mefurer les fondemens, rend hommage aux héros & aux fages, & voue toute fa haine aux méchans & aux tyrans, qui fe font une étude d'affervir & de dégrader l'humanité pour fe rendre eux- mêmes plus malheureux que ceux qu'ils

oppriment. La folitude produit un effet
différent fur un homme d'une conftitution
faible ; elle lui caufe bientôt de l'ennui.
Livré à lui-même, toutes fes penfées fe
reffentent de fon mauvais tempérament ;
& font faibles comme lui : quelques grands
que foient les objets qui fe préfentent à fes
yeux, ils ne le remuent point affez vivement, & fi-tôt qu'il ceffe d'être agité par
autrui & provoqué par le tumulte que l'on
appelle plaifir du monde, l'ennui le gagne,
& ne le quitte plus.

L'ennui n'eft pas feulement une fouf-
france morale qui conduit à des actions
inutiles, & dès-lors prefque toujours nuifibles ou dangereufes ; il eft accompagné
d'un refferrement de cœur, d'une anxiété,
qui eft réellement une peine phyfique. Il
eft bien effentiel d'inftruire un Prince à s'en
préferver & à s'en guérir ; car cette anxiété
entraîne avec elle une grande indifférence
fur les peines & les malheurs des autres
hommes, une efpece d'infenfibilité pour
tout ce qui n'eft pas foi-même. Dans cet

état, il eſt rare qu'un homme puiſſant ne ſoit pas prêt à ſe laiſſer aller à l'injuſtice, s'il peut eſpérer de cette démarche une commotion qui le faſſe ſortir de cet ennui, ſon cruel ennemi.

Un citoyen ſe réjouiſſait en apprenant qu'un méchant Roi faiſait préparer des fêtes qui devaient coûter des ſommes immenſes. Prenez patience, diſait-il, cet argent ne ſera pas entierement perdu, il fera gagner beaucoup de gens, & ſera diſtribué dans le Peuple. Tandis que la Cour ſera livrée à ces amuſemens, les gens vertueux pourront dormir en paix, & les plaiſirs, en charmant l'ennui qui tourmente les Grands, adouciront leurs cœurs. Moi je penſe tout autrement : les plaiſirs bruyans ſont le vain & ſtérile bonheur des gens qui ne ſentent rien, & qui croient qu'étourdir ſa vie, c'eſt en jouir : les hommes qui ne ſauraient être un moment en paix avec eux-mêmes & qui ont beſoin d'être diſtraits ſans ceſſe par de vives agitations, ſont ſujets à la dureté de cœur, qui eſt le premier degré de la cruauté. Lifez l'Hiftoire des Empereurs de Rome, vous y verrez les tyrans s'étourdir dans les fêtes, tandis que leurs Centurions faifaient couler de tous côtés le fang le plus précieux.

La colere, l'impatience & la crainte tiennent ainfi que l'ennui, à la conftitution organique, prefqu'autant qu'aux erreurs de l'efprit. Elles produifent toutes leurs impreffions dans les organes des fens, & ces impreffions fe répétent & fe communiquent à l'efprit par une habitude vicieufe jufqu'à un degré où il n'eft plus poffible d'en réprimer les effets. Il eft donc bien néceffaire de diminuèr dans un Prince pendant qu'il eft jeune, les fignes extérieurs de l'impatience, de la colere & de la crainte; de l'accoutumer, même avec le temps, à fupporter les objets qui lui caufaient d'abord ces mouvemens, de peur que fes organes, faciles à provoquer de cette maniere, ne fervent à faire réuffir les embûches des trompeurs, & à le précipiter dans des malheurs irréparables.

Un Philosophe Anglais dit que l'ennui des Princes a causé de plus grands ravages que la colere des flots, les déluges & les guerres civiles; il ne faut pas croire que les fêtes, les divertissemens fastueux puissent guérir ce mal si funeste à l'univers; on ne peut l'écarter que par la suite, & la variété des occupations sérieuses. L'homme est né pour penser & agir. Le projet de bien faire, & l'exécution journaliere de ce projet lui procurent les seuls plaisirs auxquels il puisse être long-temps sensible. Quel plaisir est comparable à celui d'un pere qui voit grandir & prospérer ses enfans qui le bénissent? Il n'en est qu'un seul, c'est celui d'un Prince qui voit fleurir les campagnes & multiplier ses sujets parmi lesquels la mendicité a été détruite par ses soins; qui voit s'élever de nouvelles manufactures; dont la Cour est ennoblie par les savans & les sages qui y sont honorés; dont les ports sont remplis de vaisseaux & les villes de monumens superbes qui attestent la gloire que les arts ont méritée sous son regne.

DISCOURS IV.

DISCOURS IV.

Des dignités & de la grandeur.

La grandeur entraîne les Princes à des défauts essentiels. Elle les porte à se méconnaître & à s'imaginer que tous les avantages dont ils jouissent leur sont dus, & font une partie de leur être ; elle les empêche de se considérer dans l'égalité naturelle d'un homme à un autre, lorsque cela leur deviendrait nécessaire. Remplissant leur pensée des avantages extérieurs qui y sont attachés, ils font peu de cas des qualités réelles & estimables du caractere & de l'esprit ; ils croient que le titre de Prince leur suffit pour obtenir toute sorte d'estime & de respect, & les autorise à se passer de science, d'application & de vertu. Enfin la condition de Prince leur donnant le pouvoir de satisfaire leurs inclinations, plusieurs sont entraînés à abuser de ce pouvoir, en s'abandonnant à toutes sortes d'excès,

E

d'où il réfulte, qu'au lieu de mettre leur grandeur à fervir les hommes, ils la font confifter à les traiter avec outrage, & à les dépouiller de leurs droits naturels. Heureux les Princes dont le caractere & le cœur font fi bien formés, que la flatterie des Courtifans ne faurait les entraîner dans ces égaremens.

Henri, Prince de Galles, fils de Jacques Ier, Roi d'Angleterre, étant à la chaffe, le cerf qu'il pourfuivait traverfa une route où paffait un Boucher, fuivi d'un très-gros chien : le cerf était prefque rendu, le chien l'abattit & le tua. L'équipage étant arrivé, tous les chaffeurs de la fuite du Prince crurent lui faire leur cour, en excitant fa colere contre le Boucher ; mais il leur répondit fans émotion, qu'il ne croyait pas qu'il y eût de la faute de ce pauvre homme. Si pareille chofe, ajouta quelqu'un, arrivait au Roi votre pere, il en ferait bien

____

(1) Vie de Henri, Prince de Galles, par Birch, Secrétaire de la Société Royale de Londres.

irrité : « Partons, Meſſieurs, dit froide-
» ment le Prince, je ne connais point de
» plaiſir qui vaille la peine que l'on ſe mette
» en colere. »

Pour qu'un Prince connaiſſe ſa véritable
condition, il faut qu'il la conſidere ſous
l'aſpect que lui indiquera la fiction ſuivante.

Un voyageur fut jetté par la tempête
dans une iſle inconnue, dont les habitans
cherchaient un nouveau Roi, le leur ayant
diſparu un jour qu'il avait été ſe baigner
au bord de la mer. Comme cet étranger
avait une figure noble & impoſante, le
Peuple s'accorda à le reconnaître pour Roi.
Il fut d'abord tenté de refuſer le diadême ;
mais bientôt ſe prêtant à ſa bonne fortune,
il conſentit à recevoir tous les reſpects qu'on
voulut lui rendre.

Cependant il ne pouvait oublier ſa condition naturelle, ſon naufrage & tout ce
qui l'avait précédé : il ſavait intérieurement
qu'il n'était qu'un homme ordinaire ; &
quoiqu'il agît en Roi, il ne pouvait ſe diſſi-
muler que c'était le haſard qui l'avait élevé

à cette place. Il cachait cette penſée, mais elle ne ſortait point de ſon eſprit : c'était avec les attributs de la royauté qu'il parlait au Peuple, & traitait avec lui, mais c'était en qualité d'homme privé qu'il traitait avec lui-même ; & par cette juſte diſtinction, il ſe fit chérir de ſes nouveaux Sujets, & fit admirer ſa ſageſſe & ſa juſtice.

Un Prince ne doit pas s'imaginer que ce ſoit par un moindre haſard qu'il jouit du pouvoir & des biens attribués à ſa grandeur & à ſa dignité. Il n'a de lui-même, ou par ſa nature, aucun droit au trône, non plus que ce voyageur. Il ne doit non-ſeulement ſon rang, mais même ſon exiſtence, qu'à une infinité de haſards. Sa naiſſance dépend d'un mariage, ou plutôt des mariages de tous ceux dont il deſcend : & d'où dépendent ces mariages ? d'une viſite, d'un traité, d'une guerre, ſouvent d'un diſcours frivole, & de mille circonſtances imprévues.

Il tient, dit-il, ſon héritage, ſa puiſſance, ſon ſceptre de ſes ancêtres ; mais n'est-ce pas par mille hasards que ceux-ci les ont acquis, & les lui ont conservés ? mille autres non moins habiles, non moins vaillans, non moins sages, n'ont pu les acquérir, ou les ont perdus après les avoir acquis. S'imaginera-t-il que c'est par quelque loi naturelle que tant de biens & de pouvoir ont passé de ses ancêtres à lui ? Cela n'est pas véritable. Cet ordre successif n'est fondé que sur la seule volonté des Législateurs qui ont pu avoir de bonnes raisons pour l'établir, mais qui certainement n'auraient pas été plus contredits, s'ils avaient établi le contraire ; d'ailleurs, en regardant le droit de la succession au trône, comme plus avantageux que l'usage électif, aucun des motifs qui l'ont fait établir, ou qui doivent le faire préférer, n'est pris d'un droit naturel qu'un homme ou une famille puisse avoir sur les autres. S'il avait plu aux Législateurs d'ordonner que les droits de souveraineté après la mort des Rois retourneraient à la République, les héritiers de ces Rois n'auraient aucun droit de s'en plaindre.

F iij

Leur titre n'eſt pas fondé ſur la nature; mais ſur un établiſſement humain : une autre opinion, un autre tour d'imagination dans les premiers Légiſlateurs aurait autrement décidé de leur ſort ; & ce n'eſt que le haſard qui les a fait naître avec la concurrence de loix favorables à leur égard, qui les mettent en poſſeſſion d'une vaſte puiſſance.

A Dieu ne plaiſe que je veuille dire que cette puiſſance ne leur appartient pas légitimement, & qu'il ſoit permis à quelqu'autre de la leur ravir ; car les ſociétés ont été obligées de faire des loix pour leur propre intérêt ; & quand ces loix ſont établies, c'eſt un crime que de les violer. Mais ce qui eſt abſolument ſemblable entre l'homme deſtiné au trône par ſa naiſſance, & ce voyageur que le haſard d'une tempête fait aborder dans une iſle, pour y être élu Roi, c'eſt que le droit des premiers n'eſt point fondé, non plus que celui de ce voyageur, ſur quelque qualité & ſur quelque mérite qu'il ſoit en eux, & qui les en rend dignes.

Leur existence naturelle est d'elle-même indifférente à l'état de marinier, ou à celui de Roi; & il n'y a nul lien naturel qui l'attache à une condition plutôt qu'à une autre.

Les Princes doivent donc, ainsi que ce sage voyageur, avoir, pour ainsi dire, une double intelligence; & s'ils agissent extérieurement avec les hommes selon leur rang, ils doivent reconnaître secrétement qu'ils n'ont rien naturellement au-dessus des autres hommes, & que leur espèce est absolument pareille; que par conséquent, dans tout ce qui est justice & droit naturel, ils doivent se tenir dans une parfaite égalité. Ils ne peuvent être estimés & chéris de chacun de leurs sujets en particulier, qu'autant que l'humanité, en général, leur est estimable & chere. Qu'ils n'oublient point qu'ils font hommes, car c'est leur état naturel.

Les tyrans, les despotes, veulent que leurs Peuples soient ignorans; les savans, & tous ceux qui instruisent le vulgaire, font les ennemis qu'ils redoutent le plus ; car ils fe perfuadent que le Peuple qui les admire, ne connaît pas le fecret de leur faibleffe ; qu'il croit la grandeur un droit ou réel, ou divin, & les confidère comme étant une autre nature que le commun des hommes. Ils abufent de cette chimere, & attribuent follement au refpeɛt, tout ce qu'ils ufurpent par la crainte ; & fi le fabre du Janiffaire ne vient pas leur rappeller qu'ils ne font que des hommes, ils s'oublient eux-mêmes, & fe croyent des Dieux.

Que dirait-on de cet homme échappé du naufrage, & devenu Roi par le fuffrage des Infulaires, s'il venait à oublier telle-ment fa condition naturelle, qu'il s'ima-ginât que cette couronne lui était due ; qu'il la méritait, & qu'elle lui appartenait de droit naturel & de droit divin ? On admirerait fa fottife & fa folie. Mais com-bien de Princes font également fous & paffent une inutile vie dans l'oubli d'eux-même, & le ftupide mépris qu'ils ont pour leurs femblables.

La plus grande partie des défauts des Grands ne vient que de ce qu'ils ne connaiffent point ce qu'ils font : leur illufion à cet égard eft quelquefois fi complette & fi ridicule, qu'elle éclate à tous momens, & devient un objet de pitié, non-feulement pour les Philofophes, mais pour les Valets qui les approchent, & les Flatteurs qui entretiennent & augmentent leurs égaremens.

Il faut que les Princes fachent ce qu'on leur doit, afin qu'ils ne prétendent pas exiger des hommes ce qui ne leur eft pas dû. C'eft une injuftice évidente, & que cependant ils commettent fouvent, parce qu'ils en ignorent la nature. Une telle ignorance eft bien dangereufe : car malgré que la plupart des hommes, & fur-tout ceux qui fréquentent la Cour, paroiffent infenfibles extérieurement à toute efpece d'humiliation ou d'injure, que le caprice des Princes puiffe leur faire éprouver, ils en confervent intérieurement le fouvenir & le reffentiment ; & s'ils renferment ce reffentiment, ce n'eft que par crainte & à caufe de l'impuif-

fance où ils font de le faire éclater impunément.

Il y a dans le monde deux efpeces de
grandeurs ; les grandeurs d'établiffement &
les grandeurs naturelles qui naiffent de l'eftime que les hommes ont involontairement
pour les vertus & les qualités du cœur &
de l'efprit. Les grandeurs d'établiffement
dépendent de la volonté des hommes,
qui ont cru, avec raifon, devoir honorer
ceux qu'ils plaçaient aux premiers rangs ;
ceux qu'ils chargeaient des fonctions les
plus difficiles. En un pays, ces honneurs
font accordés à la Nobleffe ; en d'autres,
ils fe partagent entre les roturiers. Ici, les
premieres fonctions de l'Etat font entre les
mains d'un Monarque ; ailleurs, des Ma-
giftrats électifs en font dépofitaires. L'un
& l'autre fyftême de grandeur & de gouvernement était arbitraire & indifférent
avant l'établiffement. Mais après que cet
établiffement a été admis en loi, la jouiffance de l'une ou de l'autre efpece de
grandeur & des refpects y attachés, eft

devenue jufte & légitime en ceux à qui elle eft attribuée, & il ferait injufte de la troubler.

Mais les grandeurs naturelles font d'un bien plus haut prix aux yeux de l'homme fage & éclairé, dans quelque rang que l'ait placé le fort, parce qu'elles font indépendantes de la fantaifie des hommes, & confiftent dans des qualités réelles & effectives de l'efprit & du cœur, qui rendent les hommes plus eftimables.

Ces deux efpeces de grandeurs étant d'une nature différente, les hommes leur doivent auffi différentes fortes d'hommages. On doit aux grandeurs d'établiffement des refpects de convention, c'eft-à-dire, des égards extérieurs, qui font un aveu de la légitimité de l'ordre établi par les loix, mais qui n'obligent ni d'eftimer ceux qu'on honore de cette forte, s'ils ne s'en font pas rendus dignes, ni de leur fuppofer des qualités, des vertus & un mérite qu'ils n'ont pas. On parle aux Rois à genoux, on fe tient debout devant les Princes ; ce fe-

rait une extravagance que de se refuser à
ces devoirs. Mais le Monarque le plus
absolu ne peut rien exiger au-delà ; & si
celui qui est à genoux est illustre par son
mérite, & le Monarque dépourvu de vertu,
il ne peut, malgré toute sa puissance,
usurper l'estime que chacun accorde par
préférence à celui qui est à ses pieds.

Le mépris & l'aversion sont dus aux
vices & au défaut de vertus ; & les hommes
sont si peu maîtres à cet égard de leur
pensée intime, que les plus corrompus
d'entr'eux ne peuvent s'empêcher de haïr
& de mépriser dans les autres les sentimens
pervers qu'ils nourrissent en eux-mêmes,
& sont forcés de rendre un hommage involontaire à la vertu. Il serait à propos
qu'un Prince se persuadât que chacun de
ceux qui lui rendent hommage, lui dit :
« Je ne vous refuserai point les honneurs
» & les respects que je dois à votre titre,
» ni l'estime que je dois à vos bonnes qua-
» lités, à votre courage & à votre sagesse ;
» mais si vous étiez Prince sans être homme

» de mérite, je vous ferais de même une
» exacte justice : car en vous rendant les
» devoirs extérieurs auxquels les loix m'o-
» bligent envers la place que vous tenez
» dans l'Etat, je ne manquerais pas d'avoir
» pour vous le mépris intérieur que mérite-
» raient vos vices. »

Le Maréchal de Turenne était un grand
Général, dont la mémoire sera long-temps
estimée. S'il avait prétendu jouir, à cause
de son mérite, des hommages dus à un
Prince, il aurait mal entendu ses intérêts,
& sacrifié sa grandeur naturelle à une céré-
monie de respect vaine & frivole ; car il
ne dépend point d'un Prince de jouir d'une
gloire égale à celle de ce grand homme,
sans l'avoir mérité comme lui. Un Prince
qui ne veut pas se contenter de voir de
bout devant lui ceux qui viennent à sa
Cour, & qui veut encore qu'on l'aime &
qu'on l'estime, doit regarder tous ceux qui
se présentent chaque matin à son lever,
comme autant de gens qui le prient de
leur faire voir les qualités qui méritent

leur eftime : s'il fe rend à leur priere, cette eftime lui eft acquife, & ils ne peuvent la lui refufer avec juftice ; mais fi, loin d'y faire attention, il ne fonge qu'à fes caprices & à fa vaine grandeur, il eft injufte de demander qu'on l'eftime, & il ne l'obtiendra pas, quand même il defcendrait de Céfar ou d'Alexandre, & qu'il ferait le plus puif-fant Prince du monde.

Un Prince ne doit donc pas perdre de vue fa condition véritable, quoique ce foit la chofe que les hommes de fon rang aiment le mieux ignorer. Qu'eft-ce donc, felon ces derniers, que d'être Prince ? C'eft être maître d'une multitude d'objets qui lui donnent le pouvoir de fatisfaire non-feulement à fes défirs, mais encore aux befoins & aux défirs de tout un peuple. Mais voici ce qu'il faut leur apprendre : ce font ces befoins, ces défirs qui attirent les hommes auprès d'eux & les leur affujet-tiffent. Otez l'efpoir d'obtenir des Princes quelques biens, la plupart des courtifans ne les regarderaient pas : ceux-ci efpérent, par ces services, par ces déférences, par ces flatteries qui éblouissent & égarent les Grands, obtenir quelque partie de ces biens qui excitent leur envie, & dont ils voient que les Grands disposent. Ainsi, les Princes qui oublient qu'ils font hommes & dépositaires du bonheur & souvent de l'existence des autres hommes, pour ne s'occuper que de leur grandeur, ne font que les instrumens passifs de la cupidité & des passions d'autrui, en même temps qu'ils font les esclaves de leurs propres fantaisies & de leurs propres vices. Leur puissance est alors d'un bien médiocre prix; car ils en ont perdu le libre exercice, & ne peuvent le recouvrer qu'en rendant au pauvre sa chaumiere, à la veuve sa subsistance, & à l'ouvrier la liberté & les moyens de faire valoir son industrie; à tous enfin la justice & le bonheur dont ils doivent être les dispensateurs.

Ils ont été établis Princes & Rois, pour être dépositaires de la prospérité publique; & la maintenir avec discernement, par une

égale & juste dispensation des pouvoirs &
des biens qui sont entre leurs mains; ils
ne doivent pas prétendre régner ou gouverner par une autre voie que celle qui
les a faits Princes & Rois. S'ils ne suivent
pas cette voie, ils ne font rien que de
vains fantômes abandonnés par les loix
qu'ils ont violées, par les Peuples qui
faisaient leur force & qu'ils ont affaiblis &
opprimés : privés des richesses dont ils ont
tari la source, en les distribuant follement
à des troupes d'esclaves & de flatteurs,
ils sont l'objet du mépris de l'étranger &
de la haine de leurs propres sujets.

Fin de la seconde Partie.

ESSAI

ESSAI

SUR L'ÉDUCATION

D'UN PRINCE.

TROISIEME PARTIE.

Introduction à l'art de régner.

DISCOURS PREMIER.

De la Puissance.

LE premier objet dont un Prince doit acquérir une idée juste, c'est de la puissance (1), puisqu'il est destiné à l'exercer

---

(1) Il y a des hommes qui s'imaginent que celui qui s'arroge la faculté de tout vouloir sans que personne ose disputer contre sa volonté, a aussi la faculté de tout pouvoir; c'est ce qu'il est bien important de ne pas confondre. Celui qui veut beaucoup, peut ordinairement peu de chose, & les despotes sont les moins puissans de tous les Princes.

G

un jour, & que l'ufage qu'il en fera doit influer fur le bonheur des hommes.

Dans les commencemens de la fociété, la puiffance fe réduifait à la force corporelle ; le plus robufte des chaffeurs dut prendre le commandement fur les plus faibles, & ceux-ci s'accoutumer à lui obéir par l'opinion qu'ils avaient de fa force, le défir d'en partager les avantages, & la crainte d'en éprouver les effets.

Mais bientôt les idées du courage, de la force & de l'adreffe venant à fe combiner entr'elles, il en réfulta un pouvoir plus étendu, plus compliqué ; le plus courageux & le plus adroit, aidé par les admirateurs de fa hardieffe, dut affervir le plus fort : alors la puiffance devint entre les hommes une affociation de courage, de force & d'adreffe fous la direction d'un chef.

Enfin les paffions du chef dérangeant trop fouvent l'équilibre de cette affociation, il fallut placer au-deffus de lui un pouvoir moral qu'il fut obligé de refpecter lui-même, afin de se faire obéir de la multitude. De-là naquirent les loix dont les Rois furent les premiers dépositaires & les dispensateurs ; & comme, avant qu'il y eût des loix, la puissance du chef résultait de l'opinion des hommes & de l'utilité qu'ils espéraient y trouver, les premieres loix eurent pour motif l'utilité publique, & s'établirent par l'opinion des Peuples. C'est cette forte de puissance qui existe seule parmi les Nations éclairées ; la liberté des hommes, la prospérité des Empires consistent à avoir de bonnes loix, & à n'être gouvernés que par elles, sous la direction des dépositaires & des dispensateurs de leur autorité.

La puissance se divise en deux especes ; celle qui s'exerce dans l'intérieur d'un état, & celle qui s'exerce à l'extérieur, & qui influe sur les états voisins.

DE LA PUISSANCE INTÉRIEURE.

La puissance intérieure est la premiere partie du gouvernement. La perfection du

G ij

gouvernement confifte à mettre dans une égalité parfaite la puiffance & la volonté du Souverain, la force & la liberté du Peuple, & à donner la prépondérance à l'autorité des loix & au refpect qui leur eft dû.

Si le Prince cherche à étendre fes facultés poteftatives, il n'en deviendra pas plus heureux, ni réellement plus puiffant; parce que les parties correfpondantes à fon autorité en feront affaiblies ou reftreintes, & l'équilibre de l'état en fera dérangé. Et fi fes défirs, fes volontés, fes caprices s'étendaient plus loin encore, il n'en deviendrait que plus malheureux, & il ferait haï; au lieu qu'en modérant fes volontés fur fon pouvoir, s'appliquant même à les reftreindre au-deffous de ce qu'il peut, toutes les forces feront en action, tandis que l'ame du Prince reftera paifible; & c'eft alors feulement qu'il fera heureux, & que l'Empire fe trouvera bien ordonné.

Tout Prince qui afpire au defpotifme, tend à décheoir de fa profpérité. En tout

Gouvernement abfolu, fi vous cherchez l'homme le plus malheureux & le plus dévoré d'ennui, allez au Souverain. A quoi donc lui fert-il de faire tant de miférables, fi fa condition devient encore plus pénible que la leur ?

Ce n'eft pas qu'un Roi doive modérer fes volontés jufqu'à fe laiffer conduire par celles d'autrui ; il doit feulement les conformer aux loix de l'Etat qui exiftaient avant lui, & fur lefquelles fa puiffance eft fondée. Lorfqu'il ne contrevient point à ces loix gardiennes de la vie, de la liberté & de la propriété des peuples, & qu'il ne fait que les aider de fon pouvoir, rien ne doit l'ébranler.

Il doit être auffi ferme dans la juftice, que généreux dans les récompenfes. La douceur & la bonté, qui font les plus aimables des vertus, font auffi quelquefois une faibleffe de l'ame. Comment un Prince, trop doux ou trop clément, pourra-t-il fe défendre contre l'activité des vices dont il eft environné, fe faire craindre des Miniftres étrangers, & fe tenir en garde contre les fiens? On louoit, en préfence d'un Roi de Lacédémone, l'extrême bonté de fon collégue Charillus : *Et comment ferait-il bon*, répondit-il, *s'il ne fait pas être terrible aux méchans ?*

Un Prince évitera également les excès & la faibleffe, en attirant auprès de lui les hommes fages & vertueux. Leur afcendant domine infenfiblement ceux qui les fréquentent ; le cœur s'éleve par degrés à l'uniffon des leurs, tel que la voix qui prend, fans que l'on y fonge, le ton de ceux avec qui l'on parle ; & quand on eft habitué à pratiquer la vertu, il n'eft pas fi facile qu'on penfe de renoncer à fes charmes. Ils font les délices des ames pures ; mais ils font auffi le premier fupplice de l'homme qui commence à devenir méchant. Il les aime encore, mais il n'en faurait plus jouir.

Qui pourrait mieux qu'un Prince fentir les charmes de la vertu, & tout ce qu'il perd en l'abandonnant ? Son nom retentiffait dans les Campagnes, & fe trouvait placé dans les chanfons des Laboureurs; le Peuple dans les Villes fe raffemblait par familles aux bons jours de l'année pour le célébrer dans des fêtes naïves, & le fage, toujours réfervé, lui prodiguait fes louanges. Ce bruit paifible, ce murmure de la vertu qui le célébrait par-tout, quel chagrin de ne le plus entendre, & de ne retrouver fon nom que dans les vers adulateurs, dans les monotones difcours de ceux qui afpirent aux couronnes des Académies! Si un Prince eft rebelle aux punitions qu'inflige la vertu, il ne fera pas affez heureux pour les reffentir long-temps. Les hommes paifibles, & ceux qui firent la gloire de l'Etat, qui défendirent ou enrichirent les Campagnes, s'éloigneront de la Cour; ils feront remplacés par les méchans, les complaifans, par les hommes fans caractere. Ces derniers font les plus dangereux de tous, parce que n'ayant ni fenfibilité, ni courage, ni vices, ni vertus, il fuffit qu'ils approchent quelques momens du trône, & qu'ils rempliffent quelque place pour énerver toute une Nation, tout un ſiecle. Je préférerais un homme en place violent, ou même cruel, téméraire ou paſſionné, à un homme ſans caractere. Les maux que cauſera le premier ſeront paſ-ſagers comme lui; l'autre détruira tous les reſſorts: & qui pourra les rétablir quand ils ſeront briſés?

Il eſt impoſſible de calculer les maux que depuis ſoixante ans les hommes ſans caractere ont fait à la France. On ne ſaurait employer un langage plus honnête que celui de nos concitoyens; mais on ne ſaurait avoir des ames plus corrompues. Les hommes les plus eſtimés aujourd'hui, ſont ceux qui ſavent donner les noms les plus décens à leurs vices.

Les hommes ſans caracteres haïſſent ceux qui en ont, & ſe réuniſſent pour les acca-bler ou les proſcrire. Ce ſont, dit-on, des gens difficiles, des turbulens, des hommes dangereux, qui veulent nous ramener aux ſiecles de nos ayeux: on s'arme contr'eux du fouet du ridicule, & le perſifflage ou-

trage le bon fens ; on s'indigne fur-tout
contre ceux qui ofent dénoncer fans détour
les voleurs publics, les fripons, ou les
malverfateurs. Chacun s'allarme d'entendre
prononcer ces noms, & ils font auffi mal
reçus dans le monde que s'ils étaient un
reproche pour chacun des auditeurs : on
eft par la même raifon indulgent à l'excès
pour les vices heureux, telles font aujour-
d'hui nos mœurs. L'efprit & le courage
obtiennent encore quelquefois notre admi-
ration, mais la vertu rarement. Nous efti-
mons un homme qui eft habile dans les
intrigues de Cour, celui dont l'efprit fé-
duifant & l'extérieur agréable foutiennent
l'ambition ; c'eft fur leurs fuccès, fur leurs
plans que nous mefurons leur mérite, &
l'homme vertueux refte fans honneurs.
Nous ne paraiffons pas même avoir la
moindre idée du mépris & de la haine que
doit infpirer tout homme qui abufe, pour
le malheur du genre humain, des avantages que le hafard lui a donnés.

De tels fentimens banniffent le patrio-

tifme. Les hommes paifibles fur les injuftices publiques, qui les favorifent, les
partagent ou en retirent du profit, font
toujours ceux qui font le plus de bruit
au moindre tort qu'on leur fait. Il eft des
pays où l'homme intéreffé pouffe des cris
perçans à la moindre diminution qu'il fouffre
dans fes bénéfices ; tandis que le pere de
famille détrempe de fes larmes le fel &
le grueau qui nourriffent fa famille indi-
gente. Lorfque ceux qui environnent le
Prince, qui peuplent la Capitale, ont de
telles mœurs & font une barriere entre
les fujets & le trône, que peut efpérer
le Peuple ?

Chacun vit ifolé, & n'a point d'attache-
ment pour fa patrie ; la mifere & le découragement en engagent même plufieurs
à l'abandonner. Alors fi le Souverain ne
s'appliquait pas à réparer promptement des
maux fi preffans par la fageffe de fon regne,
il n'aurait plus qu'un vain pouvoir, fa véritable puiffance n'exifterait plus. De telles
circonftances feraient à la vérité très-favo-

rables pour établir le despotisme dans un Royaume ; la faiblesse des Peuples assurerait le succès d'un tel dessein. Mais le despotisme n'est pas une puissance réelle ni solide ; ce n'est qu'un pouvoir chimérique qui rend le despote lui-même esclave & malheureux.

Un Souverain n'a point de sujets, lorsqu'il n'y a point parmi son Peuple d'amour de la patrie ; il n'a que des esclaves qui lui obéissent par crainte. Les loix ne peuvent plus servir à les gouverner, car ils ne les respectent plus, quand elles ont cessé de les protéger. Pourquoi voit-on dans quelques pays tant d'ordonnances, de réglemens, d'édits proclamés aujourd'hui, oubliés le lendemain ? C'est que dans ces pays il n'y a point en général d'amour de la patrie. Pourquoi les loix romaines changeaient-elles tous les jours sous les derniers Empereurs ? C'est qu'il n'existait plus de patrie.

Il ne faut pas confondre l'amour des Rois avec l'amour de la patrie. Les Grands

aiment les Rois qui les comblent de graces
& de bienfaits ; les gens en place aiment
les Rois, fous le nom & à l'infçu defquels
ils exercent une multitude de vexations
& d'abus ; les flatteurs & les efclaves aiment
les Rois qui les tirent de la baffeffe pour
les faire devenir grands. Le Peuple de la
Capitale aime auffi les Rois ; cela doit être ;
mais il ne faut pas qu'un Prince s'en laiffe
impofer fur les motifs de cet amour. Cette
portion du Peuple aime en lui les dépenfes,
le fafte & les prodigalités de fes Courtifans, l'éclat du trône, tout ce qui fait
fpectacle & attire dans la Capitale les tré-
fors des Campagnes & la richeffe des Provinces, pour en faire la récompenfe des
vices & le prix de ces frivolités qui n'exigent qu'un travail léger & facile. Ce Peuple
eft heureux de ce qui fait la défolation des
Villageois, & fouvent le Prince chéri de
fes domeftiques, adoré de fes Courtifans,
eft l'oppreffeur de fon Royaume.

C'eft l'amour de la patrie qui feul peut
engager les hommes à conformer en tout

leur volonté particuliere à la volonté générale, à la raifon publique, à la loi du
devoir. Avec l'amour de la patrie, les
Princes n'ont pas befoin de gardes, ni le
tréfor de *Fermiers*. C'eft par ce fentiment
que les manufactures & le commerce deviennent des fources inépuifables de profpérité; que les armées font triomphantes;
que les vaiffeaux affrontent & furmontent
les dangers de la guerre & des mers, &
que les Souverains font réellement heureux
& puiffans.

Quand les fujets font unis au Prince par
l'amour des loix & de la patrie; quand le
Prince s'unit à fes fujets par l'amour de
la gloire & la connaiffance de fes véritables
intérêts, ce dernier veille fans ceffe fur
toute l'étendue de fon Empire; une injuftice faite en fon nom, aux extrêmités
de fon Royaume, retentit jufqu'à fon cœur,
& de même fes fujets font attentifs à con-
courir à tout ce qui peut intéreffer la patrie; chacun d'eux s'occupe de la profpérité
de l'Etat & du bonheur de fon Roi.

Cet heureux accord du Souverain & du Peuple eſt bien rare, & ce n'eſt pas la faute du Peuple. On ne plaint point dans autrui les maux dont on ſe croit exempt ; c'eſt ce qui cauſe ſouvent la dureté & l'inatten-tion des Princes & des Grands. Pourquoi tant de Rois ſont-ils ſans pitié pour leurs ſujets ? C'eſt qu'ils comptent n'être jamais des hommes privés. Pourquoi la Nobleſſe a-t-elle un ſi grand mépris pour le Peuple ? C'eſt qu'un noble ſait qu'il ne ſera jamais roturier. Qu'ils ſe ſouviennent que la pitié eſt le plus beau ſentiment de la nature ; malheur à celui qui réſiſte à ce ſentiment précieux , car il ceſſe d'être homme. Si le Peuple s'apperçoit que ſon Roi ne l'éprouve point , il en peut réſulter de dangereuſes conſéquences. Un Prince qui réſiſte à la ſenſibilité , fut-il intégre & juſte , ne ſe fera point aimer. D'ailleurs comment pourrait-il être juſte ? Les Philoſophes de tous les ſiecles ont ſoutenu que tout homme ne peut être juſte quand il n'eſt pas compa-tiſſant ; ſans la pitié , la raiſon ne produirait que des vertus fâcheuſes. La généroſité , l'humanité, la clémence ne font que l'accord de la pitié & de la raifon. L'amitié & la bienveillance même en tirent leur origine.

L'amitié eft un des biens les plus précieux que puiffe défirer un Prince. Non-feulement elle peut l'éclairer fur l'ufage qu'il doit faire de fa puiffance, mais c'eft un plaifir qu'il peut goûter fans danger pour fes Peuples & pour fa propre gloire; & c'eft un plaifir affez pur, c'eft un affez grand bien, pour être préféré à tous les autres. La nature ayant prévu que l'efpece humaine fe détruirait en peu de temps par l'inquiétude & le chagrin, fi elle ne réuniffait pas les plaifirs les plus doux aux fentimens des peines, nous a fait préfent de l'amitié. « La communication des cœurs » fenfibles, a dit un Ecrivain de ce fiecle, » imprime à la trifteffe même je ne fais » quoi de doux & de touchant que n'a » pas le contentement ».

La trifteffe eft un mal dont le trône ne faurait garantir un Roi; mais il en eft un

plus grand ; c'eſt l'ennui. Il ne l'éprouvera
jamais, lorſqu'au ſortir des devoirs, des
cérémonies, des vains plaiſirs qui environnent la Souveraineté, il pourra ſe repoſer
dans le ſein d'un ami. C'eſt là qu'il puiſera
de nouveaux ſecours pour bien continuer
ſa pénible & glorieuſe carriere, & de nouvelles vertus qui le rendront auſſi cher à
ſes ſujets, que redoutable à ſes ennemis.
La force de deux ames bien unies eſt in-
comparablement plus grande que la maſſe
de leurs forces particulieres. Un homme
d'eſprit, un homme courageux ſans un ami,
n'eſt ſouvent qu'un homme ordinaire. Un
homme d'eſprit, un homme courageux,
avec les conſeils d'un ami digne de lui,
eſt preſque toujours un homme de génie,
un héros. C'eſt là le triomphe de l'amitié ;
elle accroît les forces réciproques de ceux
qu'elle réunit, comme l'impulſion donnée
à un corps peſant multiplie ſa peſanteur en
raiſon de ſa vîteſſe.

Un Prince qui aſpire à devenir puiſſant,
doit attirer les Savans auprès de lui pour
les

les unir aux hommes vertueux, & choisir
des amis entre les uns & les autres. Souvent
il rencontrera dans les mêmes hommes le
savoir & la vertu. Alors il lui sera facile de
travailler, de concert avec eux, à la félicité
publique; mais tant que la puissance sera
seule d'un côté, & les lumieres & la sagesse
seules de l'autre, les Savans penseront rarement de grandes choses; les Princes en
feront plus rarement de belles, & les Peuples continueront d'être avilis, corrompus
& malheureux.

* H

Il eft un grand nombre d'hommes ,
dignes d'être appellés auprès des Princes ,
mais ils vivent prefque tous dans la retraite , & paraiffent rarement fur la fcène
du monde. S'il en vient un à la Cour, &
qu'il foit feul, fes vertus deviennent inutiles : il a trop d'adverfaires à combattre.
Suppofez qu'un homme jufte , content de
la propre grandeur de fon ame , affez riche
ou affez fage pour ne rien attendre de la
prodigalité du Souverain , affez actif, affez
laborieux pour voir & agir par lui-même,
parvienne au miniftère ; affez éloquent ,
affez ferme pour réfifter dans les confeils
à la prépondérance de ceux qui , devenus
Miniftres , ne fe fouviennent pas qu'auparavant ils étaient citoyens , pourra-t-il ren-
verfer lui feul les opinions reçues , bannir les
abus qui réfultent des cabales & des brigues ,
& fur-tout de cette efpèce d'idolâtrie que
des fubalternes intéreffés ont pour tout ce qui
porte le caractère de la puiffance ? C'eft un
magnifique fpectacle , dit un ancien Au-

teur, que celui d'un homme de bien aux prifes avec l'infortune ; ç'en eſt un plus grand encore qu'un Miniſtre vertueux luttant contre la perverfité. Qu'il eſt beau de voir les paffions de la Cour venir fe brifer contre fa vertu ; de voir fon cœur, toujours calme au milieu des orages, couvrir de fes palpitations les opprimés que menace la foudre ! Mais pourra-t-il les en garantir ? faura-t-il fe défendre lui-même ? fera-t-il toujours inacceffible à ces vices rampans qui s'élevent lentement &, fe propofant de monter jufqu'à lui, l'environnent de toutes parts ?

Il pourra tout, s'il eſt foutenu par la fermeté d'un Prince capable d'apprécier fes qualités ; mais que ce Prince fe mette lui-même en état de fe défendre des embûches de ceux qu'il eſt obligé d'appeller à fes confeils. Lorfqu'ils ouvriront un avis, qu'il examine fi quelqu'homme refpecté dans l'antiquité, fi les exemples ou les faits rapportés par des Ecrivains célébres, ne peuvent pas lui fournir quelques lumieres fur le même objet. Il eſt poſſible qu'un Hiſtorien, un Philoſophe ſe trompent : l'erreur tient tellement à l'humanité, que l'homme le plus ſage ne ſaurait toujours s'en défendre ; mais le Courtiſan ſe trompe tous les jours, & ſon intérêt peut l'engager encore à tromper le Souverain à toutes les heures. Que celui-ci ſe tienne donc en garde contre les inſinuations d'un conſeiller ſi dangereux, & ſe rende, s'il eſt poſſible, ſupérieur en connaiſſances à tous ceux qui, portant par-tout ailleurs un front altier & ſuperbe, ne dédaignent pas à la Cour de l'abaiſſer juſques dans la pouſſiere.

Un Roi jaloux de bien régner, doit être ſur-tout avare de diſtinctions. Les décorations ſont une maniere d'exiger du Peuple un reſpect qu'il refuſerait ſans elles. Celui qui s'eſt acquis de la gloire obtient ce reſpect par le mérite ſeul de ſes grandes actions, ou de ſes vertus ; elles parlent lorſque l'extérieur ſe tait, & la conſidération qu'elles obtiennent eſt la ſeule qui ſoit réellement flatteuſe, parce qu'elle eſt volontaire de la part de ceux qui l'accordent ; mais tous les hommes ne font pas affez délicats ou affez intelligens pour penfer ainfi ; ils ne demandent que le droit de pefer fur les Peuples, & de les contraindre, n'importe comment, à leur rendre des honneurs. C'eft prefque toujours par des vexations particulieres qu'ils parviennent à cette efpece de vexation générale. C'eft la plus grande de toutes les injuftices, qu'un homme foit méprifable, & qu'il veuille forcer fes concitoyens à des marques extérieures de refpect ; mais il aura beau faire, il ne leur ôtera pas le droit de le méprifer.

En fe conduifant par des principes fages, un Roi peut être à la fois heureux & puiffant ; mais pour accorder ces deux chofes qui lui font fi néceffaires, il doit fans ceffe veiller fur lui-même ; il doit fur-tout fe faire une jufte idée de fa puiffance, écarter de bonne heure les fauffes opinions qu'on pourrait lui fuggérer à cet égard, & être d'autant plus en garde contre fes paffions

& les mauvais conseils qui pourraient les fortifier, que la sphere de son bonheur n'est pas plus étendue que celle qui appartient à un autre homme ; au lieu que l'abîme du malheur est pour lui d'autant plus profond, que son rang est plus élevé.

Un Roi, considéré par le sage, n'est pas plus heureux selon les loix de la nature ni même par les avantages de son rang, que le dernier de ses sujets. Un être sensible, dont les facultés égaleraient les désirs, serait parfaitement heureux ; mais cet être n'existe point, & la condition d'un Roi ne l'en rapproche nullement. Il a plus de facultés potestatives, mais il n'a pas plus de facultés individuelles qu'un autre homme. Toute idée de plaisir, de bonheur ou de gloire est inséparable du désir d'en jouir : tout désir suppose privation, toute privation est pénible, & c'est dans la disproportion de nos désirs & de nos facultés que consiste le malheur. Or, les désirs du Prince sont plus souvent & plus fortement irrités que ceux de ses sujets,

& fa puiſſance, comme Prince, ne peut
rien ajouter à ſes facultés ; comme homme,
elle ne peut le faire trouver en pluſieurs
lieux à la fois, étendre la durée de ſes
ſenſations, ſoit intellectuelles, ſoit phyſi-
ques, ni ajouter à la force des ſens qui
les procurent. A l'égard des facultés poteſtatives du Prince, ſoit qu'on les rapporte
à l'idée de la gloire & des conquêtes, ou
au commandement de ſes états, elles ne
peuvent être exercées ſans le concours
d'autrui. Le but qu'il ſe propoſe eſt ſouvent
indépendant de lui-même, & l'événement
preſque toujours incertain. Mais l'agitation,
les craintes, les déſirs ſont certains &
préſens, le tourmentent & font ſon malheur. Si le ſentiment des peines eſt inſé-
parable du déſir de s'en délivrer, qui le
délivrera de celle-ci ? C'eſt la modération,
c'eſt la ſageſſe qu'il apportera dans ſes entrepriſes & ſes deſſeins, le choix qu'il ſaura
faire des hommes les plus éclairés, du
plus grand courage, les plus vertueux &
les plus prudens de ſon Royaume ; l'énergie
qu'il ſaura donner à ſon Peuple, & par

laquelle il fera averti fans cefle des dangers, des allarmes & du malheur de l'état.

La plus grande des infortunes & celle qu'on peut toujours éviter, c'eft d'être malheureux par fa faute. La route la plus fûre pour aller au bonheur, c'eft celle que la vertu confeille & que le courage fuit. Si l'on y parvient, on le trouve pur & folide ; fi l'on ne peut y arriver, du moins la vertu refte encore pour en dédommager. Le méchant qui eft réduit à cacher fon cœur, montre en vain fa fortune ; il n'eft pas heureux.

S'il eft un feul exemple de bonheur fur la terre, foyons fûrs qu'il fe trouve dans un homme de bien. La multitude & la variété des amufemens & des jouiffances frivoles femblent contribuer au bonheur, & l'uniformité d'une vie égale paraît trifte & faftidieufe ; mais en y regardant de près, on trouvera que la plus douce habitude de l'ame confifte dans une modération de jouiffance, qui, laiffant peu de prife aux défirs, prévient en même temps le dégoût.

C'eſt l'inquiétude des déſirs qui produit les curioſités frivoles, la biſarrerie, l'inconſtance des goûts; & le vuide des plaiſirs produit l'ennui.

Dans l'inquiétude où l'ardeur des déſirs tient un Prince, il aime mieux ſe tromper à pourſuivre l'objet de ſon ambition, que de ne rien faire pour le chercher; il croit toujours l'atteindre, il y met ſon bonheur, mais une fois ſorti de la place que devait lui marquer la ſageſſe, il n'y fait plus revenir. Errant dans une mer de déſirs, la ſource de ſon bonheur n'exiſte pas dans les objets déſirés, mais dans le rapport de ſes déſirs & de ſes facultés; & comme tous les objets de ſes vaſtes déſirs ne peuvent pas être également propres à produire la félicité, toutes les ſituations de ſon cœur trop agité ne ſont pas propres à la ſentir & encore moins à la répandre ſur ſes Peuples. Toutes les délices de la terre ſe réuniraient en vain, toutes les richeſſes des Nations ſeraient en vain raſſemblées, l'induſtrie, les arts & l'adulation des hommes

feraient en vain les plus grands efforts, &
produiraient inutilement les fpectacles, les
triomphes & les jeux pour faire le bonheur
d'un cœur dépravé. Claude, Néron, Ca-
ligula, Héliogabale étaient tous puiffans;
ils gouvernaient defpotiquement le monde,
dont les richeffes s'épuifaient pour fatisfaire
à leurs plaifirs, & ils étaient malheureux.

Le premier moyen de devenir heureux,
c'eft la modération. La préparation néceffaire pour bien employer ce moyen, c'eft
l'habitude des vertus. C'eft du concours de
ces vertus que réfulte le précieux fentiment du bonheur, ce fentiment recherché
de tout être fenfible & toujours ignoré du
plus grand nombre. Lorfqu'on n'a point
l'illufion des plaifirs imaginaires, l'on n'a
point auffi la crainte des maux qui en font
le fruit, & l'on gagne beaucoup à cet
échange, car les maux font fréquens &
réels, & les plaifirs font rares & vains.
Les hommes croient fouvent fe procurer
les moyens d'être heureux, en perdant
l'art de les employer. Telle eft la folie de

la plupart des Rois. Combien n'eſt-il pas
préférable qu'un Prince ne haſarde ni ſa
tranquillité, ni celle de ſon Peuple, ni
la ſûreté de la patrie, ni l'argent & la
liberté de ſes ſujets, à l'ambition d'aſſem-
bler les proſpérités ou les jouiſſances ſur
ſa tête ? Sans efforts & ſans violences, le
ſort peut lui donner ces proſpérités, s'il
a la ſageſſe de les attendre & de gouverner
aſſez bien pour ne pas les éloigner. Mais
quand le déſir immodéré de la puiſſance
aura chaſſé de ſon cœur les vertus tran-
quilles, il ne les recouvrera plus. Le pacificateur des Nations peut encore les
défendre & terraſſer les ennemis de la
paix ; mais jamais l'ennemi de la paix ne
peut atteindre au caractere, aux vertus,
ni à la gloire du pacificateur. L'heureux
Souverain qui gouverne ſelon les loix des
Peuples libres & fortunés, peut obtenir
de leur amour & de leur zèle patriotique
cent fois plus qu'un deſpote ne peut arra-
cher de ſes eſclaves : leurs biens ſont ſes
tréſors, & tous leurs bras ſont à lui. A
ſa voix, leurs bataillons ſerrés renverſeront

les ennemis ; au lieu que les miférables fujets du defpote s'enfuiront au premier choc, ou fe laifferont ôter lâchement une vie qui leur eft à charge.

DE LA PUISSANCE EXTÉRIEURE.

Ce n'eft pas affez pour un Souverain qui défire la profpérité de fes Peuples, d'exercer dans l'intérieur de fes Etats une puiffance qui leur foit avantageufe, qui maintienne les loix & la liberté de faire tout ce qu'elles n'ont pas défendu, qui ne laiffe point le travail fans récompenfe & les hommes fans occupation, il faut encore qu'il fe rende refpeftable aux Nations voifines, & à tous ceux qui peuvent influer fur la richeffe & l'aifance de fes fujets. Il exerce fur les autres dominations une puiffance indirefte, dont l'effet fe communique de proche en proche jufqu'aux extrêmités de l'univers.

Plufieurs moyens d'exercer cette puiffance s'offrent à fon ambition ; les plus faciles font les moins fûrs, les plus féduifans font les plus dangereux. Un Souverain peut fe rendre redoutable par les invafions, les victoires & les conquêtes; les autres moyens d'augmenter fa puiffance extérieure, font la politique & le commerce.

Lorfqu'un Prince entreprend la guerre, il ne peut avoir d'autre but que d'augmenter les richeffes & le bonheur de fes fujets, à moins qu'il ne veuille être compté au rang de ces deftructeurs fanguinaires qui n'ont paru dans l'univers que pour le dévafter. Or, en fuppofant qu'un Roi fe propofe d'ajouter à la profpérité de fa Nation en couvrant de foldats des Provinces étrangeres, examinons fi fes défirs peuvent s'accomplir.

S'il eft vaincu ou repouffé, les impôts fe feront accrus inutilement; la mifere & le découragement fuivront de près fa défaite, & la confiance que fes fujets avaient mife dans fon courage & fa prudence fera diminuée. S'il eft victorieux, croit-il que les anciens fujets feront plus fortunés, lorfqu'il gouvernera, malgré eux, les Peuples qu'il aura vaincus ? Croira-t-il enrichir fa Nation, en dépouillant les maifons & les temples des Peuples conquis, & en les expofant à périr de faim, de froid & de mifere après avoir pillé & incendié leurs Villages ? Et quand même il ferait vrai que la dépouille des vaincus & l'acquifition de nouveaux territoires pourraient compenfer les dépenfes de la guerre, pourrait-il fermer les yeux fur les meurtres, les défordres & les horreurs que cette guerre entraîne ?

Les mefures à garder avec les Puiffances étrangeres exigent toute l'attention d'un bon Roi. On doit des éloges à fa politique, lorfqu'elle n'a point d'autre but que d'entretenir la paix ; mais elle devient odieufe, lorfqu'elle tend à favorifer des ufurpations, ou à fouffler la difcorde entre les Nations pour en retirer quelqu'avantage, les affaiblir & s'élever fur leurs ruines. Elle eft un crime, lorfqu'elle a pour objet de donner des entraves à fes propres fujets,

en les énervant & favorisant la corruption
des mœurs, afin de s'attribuer ensuite un
pouvoir arbitraire sur eux, & d'en exiger
des choses auxquelles ils ne peuvent être
obligés par les loix.

Le commerce est le moyen le plus doux
& le plus glorieux d'étendre la puissance
du Souverain & des Peuples sur les Nations
voisines, de s'en faire aimer & de s'enrichir
en leur devenant utile. Chaque branche
de commerce qu'un Peuple industrieux parvient à établir, est une conquête assurée
sur le reste du monde; elle augmente l'activité, la population, & le bonheur de la
Nation qui vend en même temps qu'elle
contribue à l'aisance de la Nation qui
achete; elle fait la prospérité de toutes
deux, lorsque chacune ne met dans la
masse du commerce que l'échange de son
superflu.

Le commerce s'établit autrefois parmi les
hommes en même temps que les loix; mais
il fallut bien du temps avant que les pre-

mières loix fuffent affez perfectionnées pour exciter les hommes à s'appliquer aux arts, & fixer des règles au commerce.

Il faut que les idées de propriété, d'équité naturelle foient bien accréditées, & que les hommes foient vivement perfuadés de l'intérêt réciproque qu'ils ont à exercer la probité avant que la confiance & la bonne foi, qui font la bafe du commerce, puiffent s'affermir. Il eft des gouvernemens dont les vices politiques retarderont long - temps cette heureufe époque.

Les fociétés s'étant agrandies & les hommes s'étant difperfés dans des pays dont les productions étaient différentes, fentirent la néceffité de correfpondre pour fe faciliter mutuellement les moyens de fatisfaire les befoins qu'ils avaient contractés avant de changer de climat. Les liens qui réuniffaient les hommes fe refferèrent en les rendant dépendans les uns des autres : alors naquit le commerce d'échange. Les productions de chaque pays étant différentes, chaque pays doublait fes richeffes & fes
jouiffances

jouissances en échangeant son superflu. Les
échanges ne servant que pour des objets
de premier besoin, n'avaient point encore
d'autre mesure, ni d'autre évaluation que
l'opinion de ceux qui les formaient.

Les signes numéraires formés de co-
quillages, de pierreries ou de métaux,
ne furent inventés sans doute que par ceux
qui, n'ayant pas assez de productions à
rendre pour celles dont ils avaient besoin,
se virent obligés de créer des gages au
moyen desquels ils pussent se procurer les
denrées dont ils manquaient. De-là vint
le commerce d'argent. Mais enfin n'ayant
pas toujours une assez grande quantité de
métal pour payer à l'instant même, & la
bonne foi ayant pris des racines profondes,
on imagina une représentation des signes
numéraires & des métaux; & c'est alors
que le commerce du change a remplacé
les autres, & a produit parmi les hommes
des biens dont le Philosophe est toujours
étonné, & de même l'abus de ce commerce
exaltant les passions, a entraîné des maux

I

qui ne peuvent être prévenus ou réparés que par la fagefle des gouvernemens, & par les nouvelles regles que l'accroiffement du commerce oblige la plupart des Peuples d'ajouter dans leur légiflation.

Au commerce de proche en proche fe joignit celui des pays lointains ; les vaif-feaux fendirent les mers, & les hommes, des régions les plus éloignées, devinrent, pour ainfi dire, les enfans d'une même famille.

De tous les Peuples anciens, il n'en eft point qui aient eu un commerce auffi confidérable que celui des Phéniciens. La puiffance & les richeffes de Tyr prouvent jufqu'à quel degré de grandeur une nation peut s'élever par les feules reffources du commerce.

Tyr était bâtie fur un terrein ingrat, & qui, s'il eût été fertile, n'aurait jamais pu fuffire à la fubfiftance du grand nombre d'hommes que le commerce y attirait. Mais les Phéniciens avaient de l'induftrie & de

la hardieſſe : ils fonderent les premieres
Colonies, & établirent des villes & des
entrepôts ſur les côtes de la Grece, de
l'Afrique & de l'Eſpagne.

Les Grecs & les Romains firent peu
de commerce. Les Grecs, nés ſous le
climat le plus heureux, n'enviaient point
les productions des autres contrées ; ils
chériſſaient les arts, & ſe piquaient de
jouir excluſivement des douceurs qu'ils
procurent. Il fallait que les étrangers en-
trepriſſent le voyage de la Grece, pour
connaître l'adreſſe & le génie de ſes habitans. Les Corinthiens ſeuls firent quelque
commerce en Italie ; & ſatisfaits d'un gain
facile, ils ne ſe livrerent point à des na-
vigations éloignées. Les Romains ne s'oc-
cupant qu'à vaincre & à enchaîner l'univers,
laiſſerent à leurs tributaires le ſoin de ré-
partir, dans toutes les régions, le produit
des terres & de l'induſtrie ; ils dédaignerent
le commerce qui, enrichiſſant les provinces
éloignées de Rome, diviſa bientôt les richeſſes de l'Empire, & le mépris qu'ils

firent d'une puiſſance plus ſolide que celle qui s'acquiert par la force des armes, devint une des cauſes de leur décadence.

Alexandre, jeune encore, mais plus éclairé que tous les Conquérans qui avaient paru avant lui, s'apperçut qu'il ne ſuffiſait pas de ſubjuguer les Peuples pour les réunir ſous la même domination; il reconnut qu'ils feraient toujours étrangers les uns aux autres, s'ils n'étaient rapprochés par la dépendance réciproque que le commerce établit entre les Peuples. Frappé de cette vérité, il fit bâtir la ville d'Alexandrie à l'entrée de l'Egypte, pour ouvrir à ſes ſujets le commerce des Indes, & devenir en même temps le centre de celui de l'Occident; projet digne d'un vaſte génie, & qui ne lui fait pas à mes yeux moins d'honneur que ſes victoires.

Un Roi qui déſire la félicité de ſes Peuples, doit donc encourager le commerce; c'eſt à la prudence de ſon adminiſtration qu'il appartient de régler tout ce qui concerne les droits & les impôts ſur

les denrées & marchandiſes à importer, &
à exporter. Il ne doit pas oublier que c'eſt
la juſte répartition de ces droits qui aſſure
ou détruit les bénéfices, & par conſéquent
le commerce, & il y aurait autant de
danger à les ſupprimer totalement, qu'à
les augmenter ſans meſure.

La France a de grands avantages pour
le commerce : aucun Royaume n'eſt mieux
ſitué ; elle domine ſur les deux mers ; les
Alpes & les Pyrénées verſent dans ſes
plaines les eaux qui ſe raſſemblent à leur
ſommet, l'arroſent & la fécondent ; quatre
grands fleuves qui peuvent communiquer
entr'eux par des canaux navigables, la
coupent dans toute ſon étendue, ſoit au
midi, ſoit au nord ; elle réunit preſque
toutes les productions du reſte de l'Europe, & tout ce qu'elle produit eſt d'une
qualité ſupérieure à ce qui croît dans les
régions voiſines. La facilité d'importer par
eau dans les principales Villes du Royaume,
toutes les marchandiſes ou matieres étrangeres ou indigènes, donne un bénéfice

naturel fur tout ce qui y eft fabriqué, &
les étrangers qui font obligés de voiturer
par terre, ne peuvent foutenir fa concurrence.

Un jeune Prince, en quelque pays qu'il
foit deftiné à gouverner, doit s'inftruire des
grands avantages que le commerce peut
procurer dans fes Etats, & de l'augmen-
tation de puiffance qui doit en réfulter pour
lui. Il eft important qu'il voyage dans fon
Royaume avant de monter fur le trône,
afin de vifiter les campagnes, de connaître
l'agriculture, les pâturages, les matieres
propres aux manufactures, l'état de la ma-
rine, la fituation des ports, qu'enfin il ne
néglige rien de ce qui peut contribuer à
l'éclairer dans une partie à laquelle tout
abus de pouvoir eft nuifible, & qui exige
une protection prévoyante & difcrete.

DISCOURS II.

Du Courage.

Qùand un Prince a fçu fe rendre vainqueur des opinions trompeufes que tous les objets extérieurs qui l'environnaient tendaient à lui faire adopter, il lui eft aifé de furmonter celles qui donnent un grand prix à la vie. S'il fait appliquer aux chofes morales la loi de la néceffité, cette loi lui paraît moins dure dans les chofes phyfiques; fi fes devoirs vont avant fes penchans, & s'il fait tout quitter quand la vertu l'ordonne, il lui en coûte bien peu pour apprendre à perdre tout ce qui lui peut être enlevé, & fur-tout la vie que la nature ne lui a donnée qu'en paffant. Courageux dans l'adverfité, ferme & fupérieur aux événemens dans fon devoir, il eft heureux malgré la fortune, fage malgré les paffions, & tranquille malgré la fragilité de la vie. Il parcourt paifiblement fa carriere, & la termine fans effroi. « Au milieu des plaifirs, des

I iv.

» fêtes & des bals, lorſque tout le monde
» me croit ſaiſi de l'allégreſſe commune,
» je ſuis ſouvent, diſait Montaigne, oc-
» cupé de la penſée de la mort, & je
» n'en ſuis pas moins gai, plus troublé,
» ni plus incertain ». Ainſi doit être un
Prince au milieu des camps, ou triomphant
à ſon retour au milieu des petites impor-
tances de la cour & de l'ivreſſe de tous
ceux qui l'environnent. Sans blâmer les
projets de ceux qui ne ſongent point à la
courte durée de la vie ; parce que de tels
projets ſont ſouvent utiles à l'Etat & à
la poſtérité, il doit méditer ſans ceſſe cette
penſée, que c'eſt à lui qu'il convient de
travailler pour ſes Peuples comme s'il
devait être immortel, & de pourvoir à
lui-même comme s'il devait mourir demain.
Ces mots doivent être préſens à ſon eſprit :
*puiſque le vent ſouffle ſans ceſſe ſur le flam-
beau de la vie, faiſons du moins pendant
que nous vivons, quelque choſe qui prouve
que nous ayons vécu* (a). La vie n'eſt rien

____

(a) *Dum vivimus faciamus aliquid quo nos exiiſſe
teſtetur.*

par elle-même, son prix dépend de son emploi ; le bien qu'on a fait demeure, & c'est par lui seul qu'on a fait quelque chose. L'homme courageux & sage, instruit des loix de la nécessité & des moyens éternels qui régénerent la nature, s'y soumet sans crainte ; il s'imagine renaître dans les grands hommes qui viendront après lui , & se console en songeant que si les vices de Néron ont reparu plus d'une fois en divers lieux & dans des temps différens, les vertus de Trajan & d'Antonin vivront encore dans l'avenir pour le bonheur du monde & le désespoir des méchans.

Le vrai courage n'a besoin d'être excité ni retenu ; l'homme généreux le porte par-tout avec lui, au combat contre l'ennemi, à la cour en faveur des absens & de la vérité, dans son lit contre les attaques de la douleur & de la mort.

La force de l'ame est d'usage dans tous les temps ; elle ne consiste pas à braver les dangers, mais à ne rien craindre. Le sage ne doit pas moins mépriser celui qui cherche un péril inutile, que celui qui fuit un péril qu'il devrait affronter. Ni l'âge ni le fexe n'excluent la force de l'ame ; les femmes en font fufceptibles quand leur éducation, leur fortune ou leurs malheurs leur donnent l'occafion de la développer. Il n'y a point de pays où les femmes foient plus libres & plus généreufes qu'en France, parlent en général plus judicieufement, & fachent donner de meilleurs confeils. Elles fervent avec zèle leurs amis ; elles fecourent le pauvre de leur bourfe, & l'opprimé de leur crédit; *elles ont du penchant au bien, en font,* dit J. J. Rouffeau, *beaucoup & de bon cœur.* Elles aiment les hommes courageux, elles connaiffent & diftinguent le vrai courage; plufieurs d'entr'elles en ont, & favent le récompenfer.

Il eft bien important de faire fentir aux femmes, que l'empire de leur fexe & tous fes avantages ne tiennent pas feulement à leur bonne conduite & à leurs mœurs, mais encore à celles des hommes. Il eft nécessaire de leur faire remarquer sans cesse combien peu d'ascendant elles ont sur les ames viles & basses. Alors elles dédaigneront bientôt la vaine galanterie ; cet amusement puérile des ames sans ressort, fera place à la noble ambition de régner sur de grands cœurs, &, comme les femmes de Sparte, de commander à des hommes.

Mais il faut qu'un homme & sur-tout un Prince dédaigne de leur plaire par des agrémens frivoles, qu'il dédaigne le luxe & la mollesse, que sa grandeur soit dans ses actions & non pas dans son faste ; autrement le commerce des femmes ne pourrait que l'énerver & l'amollir, au lieu de l'exciter à supporter de grands travaux. On vante le mérite de nos jeunes Français sibarites à Paris & si braves à la guerre ; mais ils sont moins capables que d'autres de supporter de longues fatigues, ils sont impatiens & faciles à rebuter. On peut donner des éloges au courage des Français en un jour de combat ; mais ils ne savent supporter ni l'excès du travail,

ni la rigueur des faifons, & l'intempérie
de l'air, ni la fureur des flots; la variété
des climats, le changement de nourriture,
ou la privation de quelques fuperfluités
les détruifent en peu de temps. (*a*).

Il ne fuffit pas d'avoir du courage; il
faut être robufte, fobre, patient, perfé-
vérant dans les projets, & inébranlable
dans les adverfités. Le courage d'un homme
amolli reffemble à la colere d'un enfant.
Lé lion s'était fait un palais d'or, & y
avait raffemblé les jeux frivoles & les plaifirs
légers; il s'était entouré de guirlandes de
fleurs : qui le croirait ? ces guirlandes devinrent des chaînes. Ses griffes s'émouf-
ferent fur le marbre poli qu'il préférait au
gravier des forêts, aux fables des déferts;
cependant il avait toujours fon courage
bouillant, impétueux. Si l'ennemi fe fût
préfenté, il l'aurait dévoré; mais cet en-

(*a*) Guerriers intrépides, dit J. J. Rouffeau, vous euffiez
triomphé avec Annibal, à Cannes & à Trafimene; Céfar,
avec vous, eût paffé le Rubicon, & affervi fon pays; mais
ce n'eft point avec vous que le premier eût traverfé les
Alpes, & que l'autre eût vaincu vos ayeux.

nemi ofa le défier & l'attendre ; il fallut
que pour lui faire la guerre, le monarque
lion endurât les privations, les fatigues.
Autrefois, dans le premier âge de fa vie,
ces incommodités fervaient d'aiguillon à fa
valeur ; mais énervé par l'abus des jouiffances, elles lui devinrent infupportables ;
il tomba de laffitude, & s'endormit au fon
de la trompe des perfides chaffeurs. Les
renards, dont il avait compofé fa cour, le
livrerent à la merci des hommes, & les
loups, qui lui fervaient de gardes, au lieu
de le défendre, dévorerent fes petits.

Qu'importe-t-il à la patrie que fes dé-
fenfeurs périffent par la fatigue & par les
maladies, ou par le fer de l'ennemi ? C'eft
fur-tout dans les guerres maritimes que
les différences individuelles fe font remarquer au préjudice des nations amollies.

On dira que les vertus des petites Républiques conviendraient mal à de grands
Etats. C'eft une phrafe que l'on ne ceffe
d'entendre répéter à la cour. Mais depuis
le moment où Octave devint le Souverain

du monde, jufqu'au dix-huitieme fiecle, on l'a tant répétée & elle a produit tant de maux, qu'il eft temps de commencer l'effai d'une maxime différente, & de revenir à l'imitation des anciennes vertus, que les fages ont propofées pour modeles à tous les âges. Une République ne reffemble point à une grande Monarchie; mais la vertu eft la même en tout lieu, par-tout elle produit le bonheur.

Dans les Monarchies, il eft rare qu'un Prince commande lui-même fes armées; il y a même eu des Ecrivains politiques qui ont prétendu qu'un Roi ne devait point s'expofer, qu'il vallait mieux qu'il s'appliquât au gouvernement intérieur, tandis que fes Lieutenans porteraient la guerre au-dehors. Cette opinion eft fatale aux Peuples. Jamais les guerriers n'ont plus de courage & ne font de plus grandes actions que quand leur Souverain les regarde; ils feront des prodiges de valeur, s'il fait leur donner l'exemple & les récompenfer. D'ailleurs, à qui le Souverain d'un grand Royaume confiera-t-il le foin de le repréfenter à la tête de fes armées ? Sera-ce à des Princes de fon fang ? Ne devra-t-il pas craindre de les rendre trop puiffans ? Sera-ce à des fujets du fécond ordre ? Mais alors les jaloufies de la cour, les intrigues des Miniftres contrarieront leurs efforts; & fi, malgré tant d'obftacles, ils reviennent vainqueurs, leur gloire ne fera-t-elle pas un reproche tacite, mais fenfible, pour le Souverain qui ne l'aura point partagée? Un Souverain doit commander fes armées en perfonne, toutes les fois que fon âge, & la diftance des lieux où fe fait la guerre, lui permettent de le faire. Rien n'en peut difpenfer fon courage. Henri IV & Frédéric II euffent été de petits Princes, s'ils n'avaient combattu que par Lieutenans.

Il ne faut pas qu'un Prince fe laiffe tromper par la contenance arrogante & fiere que quelques Officiers ont à fa cour. L'homme qui a de la fierté dans l'ame, en montre rarement dans fon maintien; cette affectation ne fe rencontre guere que dans ceux qui ne peuvent en impofer que par elle. Après la chûte de l'Empire Romain, les fiecles de barbarie, en altérant le vrai courage, firent naître les fanfarons, efpece inconnue de l'antiquité. Depuis ce temps, le port d'armes eft devenu chez la plupart des Nations une noble parure. Il ferait difficile de changer tout-à-coup cet ufage ridicule; mais on doit favorifer tout ce qui peut tendre à le bannir infenfiblement. On ne vit pas un feul appel fur la terre quand elle était couverte de Héros, & les plus vaillans hommes de l'antiquité ne connurent jamais le fyftême de venger leurs affronts, au milieu de la paix, dans le fang de leurs adverfaires. En général les hommes qui compromettent ainfi leur vie à la premiere occafion, n'en ont pas une opinion bien grande : fi cette vie était de quelqu'importance, ils la réferveraient pour le befoin de leur patrie, ou tout au moins de leur famille. Peut-être auffi ne l'expofent-ils que par un excès de confiance dans leurs propres forces ; mais dans ce cas, le combat fingulier qu'ils livrent

livrent à leurs adverſaires eſt un aſſaſſinat prémédité.

Il ne peut donc pas y avoir d'inconvénient à punir ſévérement ce crime, ſi contraire au vrai courage. Quelques choſes que Monteſquieu ait dites de l'honneur & de la biſarrerie de ſes loix, il ne faut pas que le Chef d'une Nation ſe laiſſe aveugler par de fauſſes définitions, & ſi tel eſt l'honneur, il vaut mieux qu'il le banniſſe de ſes Etats; mais il faut diſtinguer le véritable honneur, des préjugés des temps de barbarie. L'honneur ne dépend ni des temps, ni des lieux; il a ſa ſource éternelle dans le cœur de l'homme juſte, & dans la regle de ſes devoirs. Si les Peuples les plus braves, les plus éclairés, les plus vertueux de la terre n'ont point connu le duel, ce ne peut pas être une inſtitution de l'honneur. Tous les grands hommes qui ont paru depuis la renaiſſance des lettres, ſe ſont élevés contre les duels & le faux courage dont ils ſont la ſuite funeſte. Dans quelque rang que l'on ſoit placé, on doit céder à la force de leurs difcours , & rechercher leurs confeils dans les livres qu'ils nous ont laiffés ; car ces confeils font auffi finceres que gratuits ; ils ne font diétés ni par la crainte de déplaire , ni par le défit de la récompenfe. Gardez-vous de préférer à leur raifon fublime , le langage frivole ou intéreffé des Courtifans ; ils chercheront toujours à détourner les Princes de la leéture des Philofophes & de l'étude des fciences utiles; craignez de les écouter.

Un Souverain doit s'attacher à réunir dans les fujets , les vertus civiles au courage & aux qualités guerrieres. C'eft un grand malheur dans un Etat, que de féparer le courage , de l'éloquence , & les lumieres de l'efprit , de l'intrépidité. Lorfque les Sénateurs quittaient le laticlave pour ceindre l'épée & balancer le javelot, la République Romaine était inébranlable. Tout fut perdu fous les Empereurs, lorfque les Sénateurs s'avilirent jufqu'à renoncer au commandement des armées. Il y eut encore des hommes éloquens dans le

Sénat, & les harangues qui furent faites à l'avénement des nouveaux Empereurs, ne font guere moins éloquentes que celles qui, auparavant, étaient confacrées à l'amour de la patrie & de la liberté; mais il n'y eut plus de courage, plus de fermeté dans cette affemblée; tous les talens fe tournerent du côté de la flatterie & de la fervitude, qui bientôt détruifirent fa puiffance. Les Prétoriens furent tout; le Sénat n'était plus rien; les tyrans auraient pu fe paffer de fon fuffrage.

La force eft aveugle, elle a befoin d'être dirigée par l'efprit; mais comment l'homme d'efprit, qui n'a point éprouvé la force qu'il fait agir, jugera-t-il des effets qu'elle doit produire? comment pourra-t-il apprécier & récompenfer des efforts dont il eft incapable, & quel cas à fon tour l'homme qui n'eft que courageux, fera-t-il de l'homme d'efprit qui lui commande, & qui n'a point verfé de fang pour fon pays? Le guerrier méprifera les Miniftres des loix, & les loix qu'il fe croira difpenfé d'apprendre, ne le

guideront plus dans la vie civile. Si on
lui confie quelqu'autorité dans l'Etat, dans
le Gouvernement, il se servira de cette
autorité contre ces loix qui le gênent, &
ce sera toujours impunément. Si les Tribunaux s'assemblent pour le juger, il mon-
trera ses blessures, il racontera ses exploits;
tous ses égaux feront cause commune avec
lui, & les loix feront muettes.

Doit-il être permis à quelqu'un de les
ignorer; ne doivent-elles pas être assez
simples pour être connues de tous? Qu'est-
ce que cette foule de Jurisconsultes, de
Magistrats subalternes qui troublent leur
pays sans jamais le défendre, & embrouil-
lent par leurs interprétations, les regles
de la justice & les droits de la propriété;
& cette foule de guerriers qui, affectant
d'ignorer les devoirs civils, conservent au
milieu de la paix l'audace qui ne convient
que dans l'armée, l'arrogance qui n'est
excusable qu'en pays ennemi, qui se prétendent au-dessus de tous les états, comme
si la vertu guerriere était la seule vertu

refpectable, & s'il y avait quelque rang au-deſſus de la vertu ? Pourquoi n'aurons-nous pris dans l'hiſtoire du plus fameux Peuple du monde que les principes de ſa décadence, que les innovations des bar-bares qui s'aſſirent au trône de Céſar. O toi qui ferais le modele des grands hommes, ſi tu n'eus pas aſſervi ton pays ; Céſar ! toi qui raſſemblais toutes les perfections dont l'homme ſoit capable, & preſque toutes les qualités dont la nature puiſſe lui faire pré-ſent ; toi qui ſignalais ton éloquence dans le Sénat en défendant l'accuſé, & qui, domptant les Nations, écrivais ton hiſtoire ; aurais-tu conſenti que le caſque & la toge ne fuſſent pas tour-à-tour l'ornement des Patriciens ? Se peut-il que le même homme qui ſe conſacre à défendre ou à juger les droits du Peuple, renonce à combattre pour la ſûreté de ce même Peuple ? Se peut-il que l'homme qui donne ſa vie en tribut à ſon pays, ne puiſſe en même temps lui conſacrer ſon génie ? Si quelque choſe peut conſoler un grand cœur des malheurs de la guerre où brilla ſon courage, n'eſt-ce pas le fpectacle du bonheur & de la paix qui l'ont fuivie ; n'eft-ce pas l'affection des Peuples auxquels il fe dévoua tout entier?

Pourquoi les vertus militaires font-elles réputées parmi-nous incompatibles avec les fonctions civiles ? Ne voit-on pas le Ma-giftrat, l'Orateur, employer leur bras à venger leur injure perfonnelle, & recourir aux armes dans les cas où la raifon ne peut rien ? Ils ne font animés ni par le fentiment de la gloire, ni par l'efpoir de la récompenfe ; au contraire, une loi ter-rible les menace ; mais cette loi étant mé-prifée par ceux à qui le pouvoir fouverain a confié l'ufage du glaive, quiconque éprouve l'infulte de ces derniers, eft réduit à dévorer fon affront, ou à fe dévouer en victime à la barbarie d'un préjugé que la moitié de la Nation établit à la honte de la juftice, par fa confiance dans fes propres forces, & fon dédain pour l'autre moitié.

Pourquoi faire durer cette guerre intef-tine, défunir tout ce qui eft refpectable, & raffembler tout ce qui ne l'eft pas?

Eft-ce donc l'union des vices qui fera le bonheur d'un Empire ? Quel plaifir les jeunes gens, qui font l'efpoir de la Nation, ne goûteraient-ils pas à admirer dans le même homme le pouvoir de la fcience & le mépris des dangers ! Partageant leur temps entre l'étude des loix & l'apprentiffage de la guerre, il ne leur en refterait point pour le défordre des paffions & le renverfement des mœurs.

Les lumieres font portées en France à un haut degré; tout ce que l'homme folitaire pouvait apprendre dans fon cabinet, a été porté à un grand point de perfection; mais ce dont on ne pouvait s'inftruire que par l'exemple, que par la fageffe du gouvernement & par les leçons patriotiques, eft refté dans l'oubli. Peu de gens rempliffent leur devoir, & le grand nombre néglige de les apprendre. De tels fujets font difficiles à conduire; ils font indifférens au bonheur comme au malheur public. Ils fe bornent à fe plaindre du mal qu'ils reffentent perfonnellement, & s'opposent au bien général que l'on voudrait faire.

En favorisant la concurrence des emplois militaires & civils, un Prince détruirait presqu'en même temps tous les préjugés qui retardent le développement des lumieres patriotiques & des grandes qualités du cœur & de l'ame, & parviendrait à trouver des hommes qui réuniraient dans un degré éminent la valeur & le génie. Scipion l'Afriquain était un grand Général; c'était un des Romains les plus ingénieux; on lui attribuait plusieurs des Comédies de Térence : toute l'Italie connaissait son éloquence dans le Sénat, & ses succès au Barreau.

DISCOURS III.

De la Légiſlation.

Il eſt néceſſaire que le Souverain ſache les loix auxquelles ceux ſur qui il doit régner ſont ſoumis, qu'il en connaiſſe du moins par lui-même l'eſprit & les principes généraux. La premiere loi en tout pays, eſt celle qui confere la puiſſance, ſoit à un Monarque, ſoit à un Conſeil ou Sénat. La premiere loi en France, eſt celle de la ſucceſſion à la couronne.

La conſervation du droit naturel eſt l'origine de tous les autres droits, & ce qu'on appelle *loix*, eſt la collection des regles du droit naturel, du droit civil & du droit public.

Le droit naturel comprend tout ce qui ſe rapporte aux ſoins que chaque homme prend naturellement pour conſerver ſon individu & perpétuer ſon eſpece. Il en réſulte la loi de n'offenſer, frapper, ni tuer perfonne , afin de n'être offenfé , frappé , ni tué foi-même ; de rendre à autrui ce qui lui appartient , de peur qu'à fon tour il ne s'empare de ce qui eft le nôtre : ces regles n'ont pas befoin d'être mifes au rang des loix écrites , quoiqu'elles foient la fource de prefque toutes les autres loix , parce qu'elles font gravées dans tous les cœurs.

Chaque individu ne pouvant pas toujours par lui-même , par fa feule force & fa feule prudence , conferver fes droits natu-rels , les hommes font convenus de fe réunir fous la direction d'un Confeil ou d'un Chef , contre tous ceux qui attente-raient à leurs premiers droits.

Les pays gouvernés par un Confeil , s'appellent Républiques , & ceux qui font foumis à un Roi , Monarchies. Dans ces derniers Gouvernemens , le Roi eft le pro-tecteur de toutes les propriétés de fes fujets & de leur fûreté , & il ne peut en difpofer que pour leur intérêt général , & fuivant les conditions adoptées par fa juftice.

Ces conditions confiſtent à ne retenir les droits de ſes ſujets, que pour conferver eux & leurs biens, & les garantir des entreprifes de leurs ennemis publics ou particuliers.

La loi politique, à l'égard du Prince, eſt l'art de gouverner; à l'égard de ſes ſujets, c'eſt de lui obéir en tout ce qui eſt prefcrit par les loix, afin d'être aſſurés dans tous les temps d'être fecourus, eux & leurs biens, par ſa fageſſe & ſa protection.

La loi civile regle ce que les hommes qui compoſent la ſociété ſe doivent réciproquement, pour ne pas nuire à leur ſûreté, à leur liberté, à leur propriété refpectives.

Le pouvoir des loix ne peut s'établir que par la raifon; il faut que leur autorité ſoit refpectée plus qu'elle n'eſt crainte, que chacun ſoit forcé de rendre hommage à la puiſſance naturelle de la loi raiſonnée, *que la perſuaſion dirige la volonté*, que cette puiſſance, qui regle tout, devienne une divinité ſans paſſions, ſans faibleſſes.

Dans les Monarchies abſolues, le Souverain réforme dans ſon Conſeil, les loix, ſans le concours du Peuple, mais il ne doit le faire qu'à proportion des circonſtances & des temps, & ſeulement pour ſe conformer aux changemens qui peuvent être ſurvenus dans les mœurs & l'induſtrie de ſes Sujets.

Les Rois ſuſpendent quelquefois l'effet des loix à l'égard de quelques-uns de leurs Sujets, tandis qu'elles conſervent toute leur rigueur à l'égard des autres. Les moyens & les prétextes de ſuſpendre ainſi les loix en faveur de quelques Sujets favoriſés, ne portent pas le même nom dans tous les pays de l'Europe. Dans quelques-uns, le pouvoir de ſuſpendre l'exécution des loix, n'a lieu qu'en matiere criminelle ; dans d'autres pays, il s'exerce en matiere criminelle & en matiere civile ; mais par-tout il ſe multiplie autant que la faveur & l'intrigue. En Angleterre, le Roi, qui n'a que le droit d'approuver ou de rejetter les loix propofées par le Parlement, repréfentant la Nation, peut empêcher le fupplice des criminels, & leur accorder pardon, comme fi on pouvoit pardonner ce que les loix défendent, ce qui porte atteinte à la sûreté publique. En France, le Roi peut faire plus, il peut faire grace : ces deux dénominations ne s'accordent point avec l'idée que chacun doit avoir de la juftice.

En France, le Roi fufpend l'effet des loix auffi bien en matiere civile qu'en matiere criminelle. Un débiteur protégé, un ufurpateur du bien d'autrui, peut fe fouftraire à la loi, en follicitant des arrêts de furféance, des faufs-conduits, des Lettres d'Etat ou de répi, & autres actes émanés du pouvoir fouverain, dont le prétexte ou le nom doivent être regardés comme également odieux, puifque tous ont pour but d'éluder & même de contrarier les loix (a). Ces fortes de difpenfes, loin

____

(a) Cet abus, tout grand qu'il eft, eft très-difficile à

d'être flétriſſantes pour ceux qui les obtiennent, ſont ſouvent un objet de vanité
pour des ames viles, parce qu'on ne peut
les ſéparer de l'idée de la faveur & du
crédit ; tandis que l'honnête homme in-
duſtrieux, qui ſoutenait l'Etat par ſes
entrepriſes & ſes travaux, ſuccombe ſous
le poids de ſes malheurs & de ſes pertes ;
l'homme corrompu, que le luxe & les
vices ont ruiné, ſe joue de la fortune, &
brave ſes créanciers.

Il eſt encore un acte ſouverain qui ſuſ-
pend, non-ſeulement les loix, mais même
les effets du droit naturel, les Lettres de
cachet. C'eſt aſſez de les nommer ; car en
penſant à l'abus qu'on peut faire d'un tel

réprimer, parce qu'il tire ſon origine des vices de la Juriſ-
prudence Françaiſe. On peut pourſuivre à la fois un homme
dans ſa perſonne & dans ſes biens, juſqu'à ce qu'il ait payé ;
mais comment payera-t-il, ſi on lui en ôte tous les moyens
en même temps ? La chicane commence par le mettre dans
l'impoſſibilité de payer, & une fois qu'elle s'eſt emparée
de ſes biens, elle les conſume & les dévore, ſans que les
créanciers puiſſent toucher la moindre partie de ce qui leur
eſt dû.

acte, même en le fuppofant quelquefois néceffaire, l'homme jufte fent fon indignation fe foulever, & le citoyen eft faifi d'effroi.

Dans tous les Etats monarchiques, le Roi eft le fouverain Juge de fes Sujets, & le premier Magiftrat de fon Royaume; mais comme il ne peut rendre lui-même la juftice dans toute l'étendue de fa domination (a), il a confié une partie de fon pouvoir à des Tribunaux qui gardent le dépôt des loix dans les Provinces; ils ne peuvent juger que conformément aux loix; & quand ils s'en écartent, ou les oublient, le Roi, affifté de fon Confeil, réforme ce qu'il y a de défectueux dans les jugemens. Le même ordre fubfifte dans tous les pays policés de l'Europe, & les différences qui s'y font remarquer, ne confiftent que dans les formes & dans les noms. Chacune de

---

(a) Les Rois de France rendaient autrefois en perfonne la juftice à leurs fujets, & l'affemblée fe tenait fous des arbres, en plein air; mais depuis Louis IX, cet ufage a ceffé.

fes formes a fes avantages & fes incon-
véniens ; mais ce qui nuit beaucoup à
l'exacte adminiftration de la juftice, c'eft
que les loix de chaque pays étant incom-
plettes, les loix du bas Empire Romain,
quelques dangereufes & inégales qu'elles
foient, ont, dans tous les Tribunaux de
l'Europe, excepté en Angleterre, une
autorité de raifonnement dans tous les cas
où les loix nationales n'ont pas affirmati-
vement prononcé.

Il ferait fans doute plus heureux pour
chaque Nation d'avoir un Code complet
rédigé, d'après la fituation de fon terri-
toire, fes productions, fes befoins, fon
commerce & fes mœurs ; mais les fiecles
d'ignorance & de barbarie qui ont fuivi la
décadence de l'Empire Romain, & au
milieu defquels fe font élevés les gouvernemens qui partagent actuellement l'Europe,
s'oppofaient à l'établiffement des loix nouvelles, & à la confervation ou à la réforme
des anciennes. D'épaiffes ténébres s'étendaient fur la moitié du monde ; les défordres,

fordres, l'anarchie, l'esprit de vertige, &
tous les excès que la brutalité des passions
engendre, y régnaient. Tout l'Europe fut
divisée en fiefs, les Souverains se multi-
plierent autant que les villages ; il y eut
presqu'autant de tyrans que d'esclaves : &
quand ils étaient las d'opprimer leurs malheureux vassaux, ils travaillaient à s'entre-
détruire, & se faisaient la guerre. A la
renaissance des Lettres, l'anarchie féodale
s'est évanouie , mais les loix féodales &
coutumières font demeurées ; les droits
féodaux font même encore une partie essentielle du patrimoine des plus illustres citoyens. La sagesse des bons Rois s'est bornée
à réunir & à simplifier les coutumes, à
tracer quelques loix positives sur l'administration de la justice, à rappeller les sujets
à l'étude des loix romaines , par l'établissement des Universités, à encourager &
honorer les Jurisconsultes, à mettre des
Jurisdictions royales au-dessus des Juges
féodaux : ils n'ont pu rien faire de plus.
Il eût été injuste de renverser tout-à-coup
des principes sous lesquels les sujets avaient

contracté de bonne foi, & de leur ôter les loix de leurs ancêtres, toutes groſſieres & barbares qu'elles étaient. Il en ferait réfulté des changemens trop grands & trop rapides dans toutes les fortunes. Le temps qu'il aurait fallu pour produire infenſiblement & fans troubles une révolution ſi défirable dans la légiſlation, aurait excédé la durée de la vie la plus longue.

Tous les Souverains éclairés ont défiré travailler à cette révolution; rarement ils l'ont oſé, aucun n'eſt parvenu à la faire. Pour y réuſſir, il faudrait qu'un Prince doué de grandes lumières, & capable d'attirer & de fixer auprès de lui les hommes de génie, fit fon occupation principale de ce grand travail, & que ſi la mort venait le furprendre, il laiſſât des plans fagement tracés; & approuvés des villes & des différens corps de la nation, aſſemblés par des députés. Alors les actes qu'il aurait faits, & la volonté générale du peuple, qui les aurait agréés, impoferaient à fes fucceſſeurs la néceſſité de continuer le travail qu'il aurait commencé, & diminueraient les obftacles que pourraient occafionner les guerres, & d'autres caufes dont il eft quelquefois auffi difficile de prévoir que d'éviter les effets.

Les loix romaines, que l'Europe fuit & admire encore, font elles-mêmes bien imparfaites; la compilation de Juftinien eft incomplette & vicieufe ; le code de Théodofe, plus incomplet encore, fe reffent par-tout de l'efprit de parti qui y a préfidé. Les novelles, les décifions notables des Jurifconfultes Romains, font des fupplémens auffi infuffifans que diffus, & voilà cependant ce que la fageffe humaine a produit de meilleur.

On ne peut faire un devoir à un Monarque d'entreprendre une réforme générale dans les loix ; mais il faut que dans l'éducation des Princes on n'oublie jamais qu'ils doivent être un jour légiflateurs.

Il faut leur apprendre ce que c'eft parmi nous que la légiflation, comment elle s'eft formée de loix étrangères, sans aucun consentement éclairé de la part des Souverains, ni des peuples, & de loix particulières que le changement des temps & des circonstances ont rendues presque toutes dangereuses pour nous. Il ne faut pas leur laisser ignorer que le malheur des temps & la faiblesse des Monarques a multiplié à l'infini la classe des hommes employés à la justice distributive (a), & que de-là sont provenus l'embarras inextricable des formes, & la multitude des priviléges, prérogatives, immunités, taxes, impôts & édits bursaux, qui s'opposent à la réforme des loix & à l'éloignement de ceux que les besoins ou l'avidité de la finance en ont rendu les organes, afin qu'ils sachent en même temps, & tout ce qu'ils peuvent faire, & tout ce qu'ils doivent éviter.

(a) François Ier voulant porter la guerre en Italie, vendit les offices de judicature, par le mauvais conseil de son Chancelier. Depuis ce regne les charges & les officiers de justice se sont multipliés, & l'on a augmenté la finance des anciens offices; enfin on a mis des taxes sur les actes judiciaires.

RÉSUMÉ
De tout ce qui précède.

I. L'Éducation d'un Prince confiste principalement à lui apprendre à connaître la vérité, à se commander à lui-même & à n'appréhender rien d'autrui. Il faut s'attacher à le rendre bon, plutôt qu'à le rendre savant ; cependant il ne faut pas négliger de lui apprendre les lettres, & de lui inspirer le goût des arts ; il est bon qu'il passe ses premières années entre les mains des femmes ; car, outre qu'elles donneront des soins attentifs à son enfance, elles ont un grand ascendant sur les hommes, du moment même qu'ils commencent à respirer ; elles ont le don de persuader, &, si elles l'emploient utilement, on peut en attendre d'heureux effets.

II. Sorti des mains des femmes vers l'âge de sept ans, on doit choisir au jeune Prince des Maîtres d'autant meilleurs, que la bonne ou mauvaise éducation d'un Prince peut influer fur le fort d'un grand nombre d'hommes. Le choix des Maîtres qui doivent inftruire, les fucceffeurs d'un Roi, eft le devoir le plus effentiel que ce Roi puiffe avoir à remplir. Ce choix eft très-difficile, parce que la plus haute des fciences humaines, celle de gouverner les hommes, eft l'objet dont ces Maîtres doivent occuper leur Elève. L'hiftoire peut contribuer beaucoup à l'inftruction des Princes ; mais elle ne peut être enfeignée que par un homme auffi éclairé que fage. Toutes les fciences peuvent être utiles ou dangereufes pour un Prince : le fuccès dépend de la manière dont elles lui feront préfentées. La qualité la plus effentielle à tous ceux qui font employés à fon éducation, ne confifte pas dans la fcience, mais dans la grandeur de l'ame & la fublimité du difcernement.

III. Ils doivent cacher leur raifon fous des dehors aimables, & faire en forte que tout, dans la nature, devienne leçon pour leur Elève : c'eft un grand livre dont la lecture ne fatigue jamais, & dont les préceptes fe retiennent auffi facilement qu'on oublie ceux de l'école. L'inftruction qu'on y trouve, eft d'autant plus précieufe, qu'elle agit de concert avec le développement des facultés de celui qui s'inftruit. Il faut s'attacher de bonne heure à lui former le jugement, c'eft-à-dire, à lui donner le goût & la connaiffance du vrai, en lui apprenant à comparer entr'eux les différents objets phyfiques ou moraux , & à en tirer un réfultat qu'on nomme fentiment ou jugement. C'eft par ce moyen qu'il apprendra à ne pas fe laiffer entraîner follement aux raifonnemeas d'autrui, & qu'il acquerrera des principes qui lui ferviront dans la fuite à trouver la vérité, malgré ceux qui auront intérêt à la lui cacher.

IV. L'objet de l'inftruction étant de porter l'efprit jufqu'au point où il eft capable d'atteindre, on doit, dans l'inftruction d'un Prince, s'attacher à fortifier fes qualités intellectuelles l'une par l'autre. Il y a entre toutes les facultés & les opérations de l'efprit une liaifon néceffaire , qui fait que l'une fert, avec le temps, au développement de l'autre. Ces opérations ne font elles-mêmes qu'une fuite naturelle des facultés corporelles que nous appellons voir & fentir; & l'enchaînement qui exifte entre les opérations de l'efprit, exifte auffi entre les connaiffances humaines. Il faut commencer par perfectionner dans les enfans les perceptions des fens, & les inftruire non-feulement par des leçons, mais encore par la vue : il n'y a point de fens qui faffe fur l'efprit une impreffion plus vive. Le deffein qui perfectionne la vue, eft la première chofe que l'on doit montrer à un enfant que l'on veut bien inftruire, &, par la vue, la Géographie fervira à lui perfectionner enfuite la mémoire & l'entendement; la géographie lui donnera la curiofité d'apprendre l'hiftoire, & l'étude de l'hiftoire, le défir d'apprendre les langues. D'après ces études préliminaires, le cours d'éducation que l'on devra prefcrire, fera facile à tracer, felon les difpofitions du fujet, & l'on y fera entrer les mathématiques, la phyfique générale, l'hiftoire moderne, une fage philofophie, des principes fur la légiflation & d'utiles leçons fur l'art de gouverner.

V. Dans l'étude des langues, il faut écarter les difficultés. Les langues ne s'apprennent que par la mémoire. Vouloir les enfeigner par des règles générales, c'eft contrarier l'entendement humain, qui eft accoutumé à paffer des chofes fenfibles aux chofes abftraites, & non pas des chofes abftraites aux chofes fenfibles. Un enfant ne peut parvenir à concevoir des règles générales, avant de connaître les objets auxquelles elles fe rapportent. C'eft une folie de faire apprendre à un Elève la grammaire d'une langue, avant de le familiarifer avec les mots & les tours de cette langue; c'eft le rebuter inutilement. Le récit & la traduction font les premiers moyens d'apprendre les langues : la verfion interlinéaire eft un moyen facile de graver les mots dans la mémoire. Lorfque l'Elève entend les mots & peut traduire, c'eft alors qu'il faut lui prefcrire les règles de la grammaire, & lui apprendre à les bien obferver, afin qu'il fache parler & compofer correctement :

il faut fur-tout qu'un enfant fache bien fa langue naturelle, avant qu'on lui enfeigne les règles de celle de Cicéron & de Sénèque. Les Ecrivains de Rome ne font point à la portée d'un enfant qui ne fait rien. La même méthode convient à toutes les langues. Il faut en acquérir l'ufage avant d'en étudier les règles, &, quand on fait la langue latine & celle de fon pays, on peut facilement fe mettre en état de parler toutes les autres.

VI. Les Princes doivent être éloquens : tout ce qu'ils difent, doit donner d'eux une idée noble & avantageufe. Il faut que les leçons d'éloquence qu'on leur propofe, s'appliquent naturellement aux grandes occafions où ils doivent fe trouver. On ne doit leur citer de modèles d'éloquence qu'avec choix, & en les accompagnant de fages remarques. L'éloquence des Rois ne doit pas reffembler à celle des Orateurs de profeffion ; elle exige plus de dignité, & ne doit point être furchargée de vains ornemens ; elle doit réunir la fageffe & la pureté de l'expreffion à la grandeur des idées.

SECONDE PARTIE.

I. Les mœurs font dans la vie privée ce que les loix font dans la vie publique. Sans les loix, il n'exifte ni paix ni sûreté entre les Citoyens; fans les mœurs, il n'y a point de félicité dans les familles. La morale eft la fcience la plus digne de l'homme: c'eft particulièrement celle d'un Prince; elle lui eft infiniment plus utile qu'aux Particuliers, puifqu'elle lui apprend à fe gouverner lui-même, lui qui eft chargé de gouverner les autres; elle devient la principale caufe de fa profpérité; elle le fait chérir; elle arme les bons en fa faveur, & le préferve des pièges que les méchans lui tendent pour le faire fuccomber à toutes les paffions dont ils le croient fufceptible. Tandis que les Grands confument leurs années dans les illufions & les tourmens de l'efprit, il trouve la paix & la félicité dans fon cœur. On doit faire comprendre à un jeune Prince tout ce qui conftitue la morale, & fur-tout la nature de fon rang, ce que la grandeur a de réel & ce qu'elle a de frivole, ce que le Peuple doit aux

Grands, ce que les Grands doivent au
Public, en quoi confiste l'eftime publique
& ce qui doit la mériter.

II. Les Princes ont befoin de l'affection
des Peuples; ils ne peuvent la mériter que
par leur conduite, & on doit leur découvrir
de bonne heure les refforts qui peuvent
caufer l'affection, l'eftime ou le mécontentement. Il faut faire envifager à un Prince
les vices comme étant prefque toujours
auffi ridicules que nuifibles : c'eft le moyen
de l'engager à les méprifer, en attendant
que la raifon & la fageffe lui apprennent
à les haïr. Il faut fans ceffe lui préfenter
pendant fa jeuneffe le miroir de la vérité
qui s'éloignera de lui pendant le refte de
fa vie. En avançant en âge, il fera expofé
aux infinuations de deux efpèces de trompeurs. Les uns, remplis de fauffes idées,
chercheront de bonne foi à les lui faire
partager; les autres le tromperont par ini-
quité, & pour contenter leurs paffions. Un
Prince eft donc en danger de fe laiffer
corrompre & l'efprit & le cœur par mille
fauffes maximes, & il faut non-feule-

ment lui donner les moyens de fe tenir en garde contr'elles, mais affaiblir fes défauts en fortifiant les bonnes qualités qui y font oppofées, de même que les nuages de l'efprit fe diffipent par l'ufage bien dirigé des facultés principales de l'entendement.

III. Les organes des fens influent, plus que ne le croit le vulgaire, fur les affections morales, les plaifirs & l'ennui. On doit s'attacher à les perfectionner dans l'adolefcence par une vie fimple. La faibleffe rend impatient, & des nerfs que la gymnaftique n'a point fortifié, difpofent à la colère : les défauts qui réfultent de la mauvaife habitude des organes, font incorrigibles. L'ennui qui en eft une fuite, eft accompagné d'un refferrement de cœur, qui, étant une peine phyfique, rend l'homme moins fenfible aux peines & aux malheurs d'autrui : or, l'infenfibilité d'un Prince eft ce que les Sujets doivent le plus redouter ; elle mène à la cruauté. Le premier tyran fut un Prince qui s'ennuyait.

IV. Un Prince fage eft fouvent obligé

de se considérer dans l'égalité naturelle d'un
homme à un autre ; cependant de fausses
idées de grandeur & de dignité s'y opposent. Ces idées entraînent souvent les
Grands jusqu'à mépriser les qualités de l'esprit & du cœur, & dès-lors ils croient que
leur rang les dispense de mérite & de vertu ;
ils supposent , par une suite de ce faux
principe , que leur condition les autorise à
employer le pouvoir qu'ils ont à contenter
leurs passions. Leur véritable grandeur est
de servir les hommes ; ils la font consister
à les outrager. Il est difficile aux Princes
d'éviter ces égaremens , quelque détes-
tables qu'ils paraissent. Tout les y conduit
par des chemins couverts de fleurs : leur
salut dépend uniquement de la pensée sui-
vante qu'ils doivent méditer toute leur vie :
« ma condition est de commander aux
» hommes ; mon état naturel est de remplir
» tous les devoirs auxquels l'humanité est
» soumise ; mon pouvoir n'est point un droit
» naturel , mais une concession que les loix
» m'ont faite : c'est donc avec les attributs
» de la souveraineté que je dois parler au
» Peuple ; mais c'est avec ceux de l'homme

» privé que je dois m'entretenir avec moi-
» même. Les refpects que l'on me rend,
» font dus à mon autorité ; mais l'eftime
» & l'affection du Public ne peuvent être
» accordés qu'à mon caractère d'homme ver-
» tueux, & tandis feulement que je n'en
» changerai point ».

Toute fociété fuppofe des loix faites
pour fon intérêt, &, quand ces loix font
établies, c'eft un crime que de les violer ;
mais, fi la maffe du peuple peut confidérer
le Prince comme quelque chofe de fupérieur à l'humanité, lui-même doit fe confidérer fans ceffe comme le compagnon &
le femblable de ceux qu'il gouverne, &
fe contenir, en tout ce qui eft juftice &
droit naturel, dans une parfaite égalité
avec eux. Il y a deux efpèces de grandeurs ;
les grandeurs naturelles qui s'acquièrent
par les grandes qualités du cœur & du
génie, & les grandeurs d'établiffement. La
réunion de ces deux efpèces de grandeur
eft ce que l'humanité peut concevoir de
plus parfait ; mais elle eft bien rare : elles
font d'une nature différente, & les hommes

leur rendent différentes sortes d'hommages.
Un Prince puissant ne peut exiger que l'une ;
un Prince qui a des qualités & des vertus,
peut prétendre à toutes les deux. On s'ac-
quitte envers le premier avec des hommages
extérieurs aussi vains & frivoles que sa grandeur elle-même, & l'on paye au grand
homme, dans quelque condition qu'il soit
né, un tribut involontaire d'estime & de considération intérieures & réelles. C'est par
ces principes qu'on peut donner à un jeune
Prince des idées justes de la véritable
grandeur.

TROISIEME PARTIE.

I. L'usage qu'un Prince fait de sa puissance, devant régler le sort des hommes,
c'est le premier objet dont il doit acquérir
une juste connaissance, après qu'il a terminé
ses études préliminaires. La puissance se
divise en deux espèces, la puissance intérieure & la puissance extérieure de l'Etat.
Un Prince ne peut pas chercher à étendre
ses facultés potestatives sans déranger l'équilibre du Gouvernement auquel il préside,

&

& ébranler la conſtitution de l'Etat; alors il en réſulte des diſſentions, des troubles, enfin tout ce qui peut aggraver le malheur d'un Prince & l'oppreſſion de ſes Sujets. Son nom & ſon pouvoir deviennent le prétexte de toutes les paſſions; il eſt à la fois le fléau des bons & le jouet des méchans. Pour être heureux, il doit ſe conformer aux loix de l'Etat, & ſe borner à les aider de ſa puiſſance; il doit être généreux dans les récompenſes, ferme dans la juſtice & terrible aux méchans. En s'environnant d'hommes ſages, ſon ame s'élévera par degrés. Qu'il baniſſe avec ſoin les hommes ſans caractère; ils ſervent à fomenter les vices & les paſſions qui renverſent ou énervent les Gouvernemens; ils engorgent les canaux par où le bien circule, & briſent peu à peu tous les reſſorts de vertu; ils forment une barrière entre les Sujets & le trône, ridiculiſent le patriotiſme, & favoriſent par leur indifférence les injuſtices publiques. L'amour de la patrie, des loix & du Prince ſe confondent & ſe réuniſſent dans un bon Gouvernement. Un Prince doit

M

s'attacher à faire naître cet heureux accord ; mais fa puiſſance n'y ſuffira pas, s'il n'eſt ſoutenu de conſeils vertueux : il doit chérir & cultiver l'amitié ; elle augmentera ſes facultés. Les hommes grands & vertueux ſe cachent quelquefois, parce que les vices ſe raſſemblent pour les perſécuter & les proſcrire : c'eſt au Prince à les rechercher & à les protéger dans le bien qu'ils veulent faire. La modération ſeule peut rendre un Prince heureux & puiſſant, parce que la maſſe de ſes facultés individuelles, n'étant pas proportionnée à celle de ſes facultés poteſtatives, il ne peut être heureux qu'en bornant ſes deſirs. Sa puiſſance, comme Prince, ne peut rien ajouter à ſes facultés comme homme. Tout deſir ſuppoſe une privation ; toute privation eſt pénible : par conféquent la difproportion de ſes deſirs & de ſes facultés le rendrait malheureux. Ceci s'étend au moral comme au phyſique. Si on le rapporte à l'idée de la gloire, des conquêtes, ou du pouvoir abſolu, on verra que le but qu'un Prince immodéré ſe pro-poſe, eſt preſque toujours indépendant de lui, & que l'événement eſt incertain, au lieu que les desirs, l'agitation, les craintes le possèdent, & sont des maux certains & présents. C'est la modération & la sagesse qu'un Prince apportera dans ses desseins, le choix de ses Ministres, & l'énergie qu'il saura donner à son Peuple, qui le rendront personnellement heureux, & lui feront éviter tout ce qui pourrait causer les malheurs de l'Etat.

La puissance extérieure consiste dans les conquêtes, les négociations politiques & le commerce. Les conquêtes augmentent rarement le bonheur d'un Prince & la prospérité de ses Sujets : une guerre malheureuse ruine inutilement le Peuple ; elle l'accable d'impôts. Une conquête ne le dédommage point : les dépouilles des Peuples vaincus ne peuvent pas enrichir une nation, & l'amour des conquêtes ne peut causer que des désastres.

Les négociations dans les Cours ne peuvent plus être d'une grande considération, depuis que les Nations sont éclairées, & que les secrets de la politique intrigante font connus & divulgués ; mais le commerce a introduit une politique d'un autre genre, qui engage toutes les nations à fe rendre utiles les unes aux autres, afin de recevoir de chacune les récompenfes qu'elle peut donner. Par-là, les befoins fe font adoucis dans tout l'univers, & les commodités de la vie ont été augmentées. Le fuccès du commerce dépend de l'adminiftration du Royaume qui le fait : le commerce veut de la liberté ; les impôts l'encouragent ; les impôts le détruifent ; tout dépend de la fageffe de la répartition. La France eft de tous les pays de l'Europe le plus heureufement fitué pour le commerce, le plus facile à cultiver, lé mieux arrofé & le plus abondant en toutes fortes de productions ; mais la nature y a tout fait pour les hommes, & les hommes n'ont rien fait pour eux-mêmes. Le Gouvernement a de grands progrès à faire dans ce qui a rapport au commerce, aux impôts & au maniment de l'argent.

II. Un Prince doit favoir tout quitter, quand la vertu l'ordonne, & avoir affez

de courage pour favoir perdre , fans mur-
murer, tout ce qui peut lui être enlevé ,
& fur-tout la vie : c'eft le moyen d'être
heureux malgré la fortune , & tranquille
dans le danger. Alors il travaille pour fes
Peuples, comme s'il devait être immortel ,
& eft attentif à lui-même , comme s'il devait
mourir dans peu ; car la vie , par elle-même ,
ferait peu de chofe. Tout dépend de fon
emploi. Tel eft le vrai courage , qu'il eft
par-tout le même. La force de l'ame eft
d'ufage dans tous les temps : les femmes
en font fufceptibles ; elles aiment le vrai
courage , & fe font gloire de régner fur
de grands cœurs. Ce n'eft pas par des agrémens frivoles qu'un Prince doit chercher
à leur plaire ; car alors il ne tarderait pas
à s'amollir. Il ne fuffit pas d'être courageux ;
il faut être patient & robufte. Qu'eft-ce
que le courage d'un homme efféminé ?
On croit que les vertus févères des Républiques ne conviennent pas dans les Monarchies ; mais la vertu eft la même en tout
lieu ; par-tout elle produit le bonheur. Un
Prince ne doit point confier fes armées à
des Lieutenans toutes les fois qu'il peut

les commander lui-même. Son courage influe trop fur celui de fes Sujets, pour qu'il puiffe fe difpenfer de le leur montrer tout entier. Les Princes doivent être attentifs à difcerner le vrai courage. L'arrogance ne fe rencontre point avec lui : ils doivent s'élever contre le faux point d'honneur, & travailler à le banir. Les cartels ne devinrent en ufage que quand la terre fut peuplée d'ignorans & de fauvages. Le duel n'a tiré fon origine ni de l'honneur ni du courage, mais de la vengeance & de la férocité. On ne doit pas craindre de punir des mouvemens fi criminels. Un Prince doit travailler à ramener les hommes à l'utile & paifible réunion du courage & des vertus civiles; il ne doit point féparer le courage, de l'éloquence, ni la fageffe, des qualités guerrières. Les lumières de l'efprit s'accordent, plus qu'on ne croit, avec l'intrépidité, & les fiècles de barbarie ont pu feuls féparer l'étude des fciences & des loix, de la profeffion des armes. Si l'homme de mérite peut fervir fa patrie de plufieurs manières, pourquoi ne pas profiter de fon zèle tout entier? Céfar plaida, combattit, écrivit fon hiftoire.

III. Les hommes ont établi les loix pour conserver leurs droits naturels & civils. L'établissement du pouvoir souverain est une de ces loix ; & les Rois qui sont dépositaires de ce pouvoir, sont chargés du soin de conserver les hommes & leurs biens contre les entreprises de tous ennemis publics ou particuliers : ils ont aussi accordé au Souverain le pouvoir de faire des loix nouvelles, mais seulement quand il en est besoin & pour leur plus grand avantage. Les loix civiles établissent ce que les hommes se doivent réciproquement pour ne pas nuire les uns aux autres, soit dans leur propriété, leur sûreté ou leur liberté. Les Souverains se sont attribué le droit de suspendre l'effet des loix, comme une conséquence du droit qu'ils ont d'en réformer les dispositions ; ils ne doivent faire usage de cette prérogative, en matière criminelle, que dans les cas qui peuvent intéresser leur clémence & leur humanité ; mais il serait à souhaiter qu'ils y renonçassent en matière civile. Cependant le vice de l'ancienne Jurisprudence de la plupart des Gouvernemens

de l'Europe semble les y autoriser. Nos loix
sont, pour la plupart, barbares comme nos
aïeux. Tous nos vœux doivent tendre à
une réforme dans cette partie essentielle
de l'administration publique : c'est un ouvrage de difficile exécution, & qui ne peut
se faire que dans beaucoup d'années. On
ne peut faire un devoir à un Monarque
de l'entreprendre ; mais du moins, dans
l'éducation de ceux qui sont appellés à lui
succéder, il faut leur faire sentir qu'ils
doivent être un jour Légiflateurs. On doit
leur apprendre ce que c'est que notre légiflation, comment elle s'est formée de loix
étrangères sans la volonté des Peuples, sans
le confentement éclairé des Rois. Il faut
leur faire remarquer l'inutile immensité
de ces loix diffuses, & souvent contraires entr'elles, & la multitude onéreuse
de leurs interprêtes : alors ils connaîtront
les obstacles qui s'opposent à l'établissement
des meilleures loix, & seront plus en état
de vaincre ces obstacles.

F I N.